U0742999

AGILE PRACTICE GUIDE

敏捷实践指南

[美] Project Management Institute 著

电子工業出版社·
Publishing House of Electronics Industry
北京·BEIJING

版权贸易合同登记号　图字：01-2018-2663

图书在版编目（CIP）数据

敏捷实践指南 / 项目管理协会著. —北京：电子工业出版社，2018.10

ISBN 978-7-121-34107-6

Ⅰ. ①敏⋯ Ⅱ. ①项⋯ Ⅲ. ①项目管理－指南 Ⅳ.①F224.5-62

中国版本图书馆 CIP 数据核字(2018)第 083160 号

责任编辑：付豫波

印　　刷：北京盛通印刷股份有限公司

装　　订：北京盛通印刷股份有限公司

出版发行：电子工业出版社

　　　　　北京市海淀区万寿路 173 信箱　邮编 100036

开　　本：880×1230　1/16　印张：11.5　字数：313 千字

版　　次：2018 年 10 月第 1 版

印　　次：2023 年 3 月第 23 次印刷

定　　价：68.00 元

凡所购买电子工业出版社图书有缺损问题，请向购买书店调换。若书店售缺，请与本社发行部联系，联系及邮购电话：（010）88254888，88258888。

质量投诉请发邮件至 zlts@phei.com.cn，盗版侵权举报请发邮件至 dbqq@phei.com.cn。

本书咨询联系方式：（010）88254199，sjb@phei.com.cn。

声明

作为项目管理协会（PMI）的标准和指南，本指南是通过相关人员的自愿参与和共同协商而开发的。其开发过程汇集了一批志愿者，并广泛收集了对本指南内容感兴趣的人士的观点。PMI管理该开发过程并制定规则以促进协商的公平性，但并没有直接参与写作，也没有独立测试、评估或核实本指南所含任何信息的准确性、完整性或本指南所含任何判断的有效性。

因本指南或对本指南的应用或依赖而直接或间接造成的任何人身伤害、财产或其他损失，PMI不承担任何责任，无论特殊、间接、因果还是补偿性的责任。PMI不明示或暗示地保证或担保本指南所含信息的准确性与完整性，也不保证本指南所含信息能满足你的特殊目的或需要。PMI不为任何使用本标准或指南的制造商或供应商的产品或服务提供担保。

PMI出版和发行本指南，既不代表向任何个人或团体提供专业或其他服务，也不为任何个人或团体履行对他人的任何义务。在处理任何具体情况时，本指南的使用者都应依据自身的独立判断，或在必要时向资深专业人士寻求建议。与本指南议题相关的信息或标准亦可从其他途径获得。

读者可以从这些途径获取本指南未包含的观点或信息。PMI无权也不会监督或强迫他人遵循本指南的内容，不会为安全或健康原因对产品、设计或安装进行认证、测试或检查。本指南中关于符合健康或安全要求的任何证明或声明，都不是PMI做出的，而应由认证者或声明者承担全部责任。

序言

　　项目管理协会和敏捷联盟® 特许编写本实践指南，目的是在社区内建立对敏捷方法的更深入的理解。本实践指南的愿景是：为项目团队提供相关工具、针对不同情境的指导方针以及对目前敏捷技术和方法的理解，以获得更好的项目成果。

　　在软件开发之外的各行各业中，不同项目团队都在使用敏捷方法。我们两个组织都认识到，在将产品和可交付成果推向市场时，敏捷方法的发展要求我们需要有一种通用的语言、开放的思维和灵活运用的愿望。此外，我们两个组织还认识到，实现成功交付的方法多种多样。目前存在大量工具、技术和框架；为达成期望的成果，各团队可选择适合其项目和组织文化的不同方法和实践。

　　《敏捷实践指南》核心委员会的成员们有着不同的背景，并且使用不同的方法。有些委员会成员身为顾问，有些则在组织内工作。他们都已经在工作中使用敏捷方法很多年。

目录

图表目录

1

—

引论

欢迎阅读《敏捷实践指南》！本指南是项目管理协会 (PMI®) 和敏捷联盟® 携手努力的成果。负责编写本实践指南的核心创作团队成员分别来自这两个组织，他们广泛汲取了当前拥有不同背景、信仰和文化的广大从业者和领导者的专业知识。

本实践指南为项目领导者和项目团队成员提供实践指导，帮助他们在项目规划和执行过程中适应敏捷方法。我们的核心创作团队发现，目前，人们坚定支持预测法，而对转变为敏捷思维模式、价值观和原则的热情却并不高，本实践指南涵盖了项目敏捷性的实践方法。本实践指南就是一座桥梁，可以帮助理解从预测法转向敏捷方法的途径。实际上，二者之间也存在一些类似的活动（例如规划），尽管处理方式不同，但两种情况下都会发生。

我们的核心创作团队使用了敏捷思维模式来合作并管理本实践指南第一版的编写。随着技术和文化的发展变化，未来对本实践指南的更新和改进将反映现行的方法。

与项目管理协会的标准写作风格相比，在编写本实践指南时，我们核心团队采用了一种更为轻松的、通俗易懂的写作风格。为了更好地阐明有关要点和概念，本指南纳入新元素，如提示、侧栏和案例研究。我们实施以上变更的原因是为了加强本实践指南的可读性，方便用户使用。

本实践指南并不仅仅是为了帮助计算机软件开发行业解决敏捷方法应用问题，因为敏捷方法的应用已经扩展到各种非软件开发环境中。制造、教育、医疗保健等其他行业日益向不同的敏捷程度发展，这种超出软件业的敏捷应用也属于本实践指南的范围。

敏捷型学习

除软件开发外，教育业也为敏捷实践的扩展提供了良好的环境。世界各地的初中、高中和大学教师都开始使用敏捷方法营造一种学习文化。人们利用敏捷技术来为重要工作排优先级。面对面的交流、有意义的学习、自组织团队以及利用想象力的增量型学习和/或迭代型学习都是敏捷原则，这些原则可能改变人们在课堂上的思维模式，促进教育目标的实现 (Briggs, 2014)。*

*Briggs, Sara。"敏捷型学习：什么是敏捷型学习？它将怎样推动教育变革？" *Opencolleges. edu.au* 2014 年 2 月 22 日，检索自 http://www.opencolleges.edu. au/informed/features/agile-based-learning-what-is-it-and-how-can-it-change-education/

那么为何要编写《敏捷实践指南》？又为何要现在编写呢？项目团队使用各种形式的敏捷技术和方法至少已经长达几十年。伴随着敏捷方法迅猛的应用势头，《敏捷宣言》[1] 明确阐述了敏捷方法的价值观和原则（参见 2.1 节）。如今，项目领导者和项目团队发现自己正处于一个日新月异的环境中，技术进步呈现指数级增长，客户对价值交付的要求日趋紧迫。敏捷技术和敏捷方法将有效地管理各种颠覆性技术。此外，敏捷第一原则将客户满意视为最高要求，而这也是交付让客户满意的产品和服务的关键（参见 2.1 节）。随着社交媒体的广泛使用，快速而透明的客户反馈循环唾手可得。因此，为保持竞争优势，与时俱进，各组织不能只关注内部，而是要放眼外部世界，关注客户体验。

---

¹ 括号内的数字与本实践指南后面的参考文献序号相对应。

各种颠覆性技术正在通过降低进入门槛来迅速改变竞争环境。越来越多的成熟组织日趋复杂，创新能力发展迟缓，在为客户提供新的解决方案方面滞后。在竞争中，这些组织发现，小型组织和初创公司能够更快地生产出满足客户需求的产品。形势的不断变化将继续促使大型组织采用敏捷思维模式，以保持竞争力和现有的市场份额。

《敏捷实践指南》关注项目，解决项目生命周期选择、实施敏捷方法和组织对敏捷项目的考虑因素。组织变革管理 (OCM) 对于实践的实施和变革必不可少，但是，由于它本身就是一门学科，因而已经超出本实践指南的范围。希望了解组织变革管理有关指导方针的读者可参阅《组织变革管理实践指南》[2]。

表 1-1 列出了本实践指南范围内及超出本指南范围的其他事项。

颠覆性技术

向云计算的过渡，尤其促进了颠覆性技术的应用。全球各地的公司都在利用这种模式迅速廉价获取计算资源，以进入传统市场。云计算要求减少预付款，但会基于即付即用或按需付费的机制，通过订阅服务随时付款。更新的应用程序、基础设施和平台以一种迭代的增量方式发布到云端，与技术进步和不断变化的客户需求保持同步。

表 1-1范围内和范围外的事项

范围内	范围外
在项目或团队层面实施敏捷方法	在整个组织或创建敏捷项目集时实施敏捷方法
涵盖行业调查中最流行的敏捷方法	涵盖利基方法、特定公司的方法或不完整的生命周期技术
在选择敏捷方法和/或实践时要考虑的适应性因素	推荐或支持一个特定的方法/实践
将敏捷与《PMBOK® 指南》的过程和知识领域对应起来	变更或修改《PMBOK® 指南》的过程和/或知识领域
讨论将敏捷应用扩展到软件开发以外	消除软件开发行业对敏捷方法的影响。（请注意，尽管敏捷方法在软件业以外的其他许多行业的应用日益增多，但本实践指南中包括软件业。）
在项目或组织中实施敏捷方法时，需要考虑的指导、技术和方法	在项目或组织中如何实施敏捷方法的规范性分步说明
通用术语的定义	新术语和/或新定义

　　本实践指南适用于对于预测法和敏捷方法难以取舍的项目团队、试图解决快速创新和复杂性问题的项目团队，以及致力于团队改进的项目团队。本实践指南将提供有益的指导方针，它们将有助于项目取得成功，帮助项目团队顺利交付商业价值，满足客户的期望和需求。

本实践指南的组织结构如下所述：

第2章 敏捷概述——本章包括《敏捷宣言》的有关思维模式、价值观和原则。它还涵盖了可确定的工作与高度不确定的工作的概念以及精益、看板方法与敏捷方法之间的相互关系。

第3章 生命周期选择——本章介绍了本实践指南涉及的各种生命周期。本章还讲解了适用性筛选、裁剪指导方针以及常用方法组合。

第4章 敏捷实施：创建敏捷环境——本章介绍了创建敏捷环境时要考虑的关键因素，如仆人式领导和团队构成。

第5章 敏捷实施：在敏捷环境中交付——本章包括怎样组建团队以及团队为定期交付价值可使用的一般实践。本章还举例说明了团队报告状态的实证指标。（实证指标举例：项目进展如果使用"红黄绿灯"的方式，则红黄绿灯不能成为实证指标；如果使用类似于燃尽图等提供更多细节的图表，且通过燃尽图展示项目进展为 90% 已完成，则相关指标即为实证指标 。）

第6章 关于项目敏捷性的组织考虑因素——本章探讨了影响敏捷方法使用的组织因素，如文化、成熟度、商业实践和 PMO 的角色。

第7章 行动呼吁——行动呼吁要求为本实践指南的持续改进提供建议。

附录A、附录X、参考文献、参考书目以及术语表提供了其他有用信息和定义：

◆ **附录A**。包括因内容过长而未纳入本实践指南正文的有关必要信息。

◆ **附录X**。包括补充本实践指南正文的有关非必要信息。

◆ **参考文献**。指出本实践指南中引用有关标准和其他出版物的位置。

◆ **参考书目**。按章节列出为本实践指南所涵盖的主题，提供有关详细信息的其他出版物。

◆ **术语表**。列出本实践指南所使用的术语及其定义。

第 1 章

2

—

敏捷概述

2.1 可确定的工作与高度不确定的工作

项目工作包括可确定的工作与高度不确定的工作。可确定的工作项目具有明确的流程，它们在以往类似的项目中被证明是行之有效的。在完成设计后制造汽车、电器或建造住宅，这些都是可确定的工作的例子，其所涉及的生产领域和过程通常都很好理解，并且执行的不确定性和风险通常较低。

新的设计、解决问题和之前未做过的工作都是探索性的。它要求主题专家携手合作，解决问题，并创建解决方案。遭遇高度不确定的工作的人员包括软件系统工程师、产品设计师、医生、教师、律师和许多解决问题的工程师等。随着可确定的工作日益实现自动化，项目团队也越来越多地从事高度不确定的工作，从事这些工作就需要使用本实践指南所述的有关技术。

高度不确定的项目变化速度快，复杂性和风险也高。这些特点可能会给传统预测法带来问题，传统预测法旨在预先确定大部分需求，并通过变更请求过程控制变更。而敏捷方法的出现是为了在短时间内探讨可行性，根据评估和反馈快速调整。

2.2 《敏捷宣言》及思维模式

2001年，软件业思想领袖共同发表《敏捷宣言》，正式宣告敏捷开发运动（参见图2-1）的开始。

我们正在通过亲自开发和帮助他人开发，发现开发软件的更好方法。通过这项工作，我们开始更重视：

个体以及互动而不是过程和工具

可用的软件而不是完整的文档

客户合作而不是合同谈判

应对变更而不是遵循计划

也就是说，右栏中的项目固然有价值，但我们更重视左栏中的项目。

© 2001，《敏捷宣言》作者

图 2-1 《敏捷宣言》四大价值观

源自这些价值观的十二大原则如图 2-2 所示。

1. 我们的最高目标是，通过尽早持续交付有价值的软件来满足客户的需求。

2. 欢迎对需求提出变更，即使在项目开发后期也不例外。敏捷过程要善于利用需求变更，帮助客户获得竞争优势。

3. 要经常交付可用的软件，周期从几周到几个月不等，且越短越好。

4. 项目实施过程中，业务人员与开发人员必须始终通力协作。

5. 要善于激励项目人员，给予他们所需的环境和支持，并相信他们能够完成任务。

6. 无论是对开发团队还是团队内部，信息传达最有效的方法都是面对面的交谈。

7. 可用的软件是衡量进度的首要衡量标准。

8. 敏捷过程提倡可持续的开发。项目发起人、开发人员和用户应该都能够始终保持步调稳定。

9. 对技术的精益求精以及对设计的不断完善将提高敏捷性。

10. 简洁，即尽最大可能减少不必要的工作，这是一门艺术。

11. 最佳的架构、需求和设计将出自于自组织团队。

12. 团队要定期反省怎样做才能更有效，并相应地调整团队的行为。

图 2-2《敏捷宣言》十二大原则

尽管这些原则源自软件行业，但已经扩展到许多其他行业。

这种思维模式、价值观和原则定义了敏捷方法的组成部分。今天所使用的各种敏捷方法都植根于敏捷思维模式、价值观和原则。它们之间的关系如图 2-3 所示。

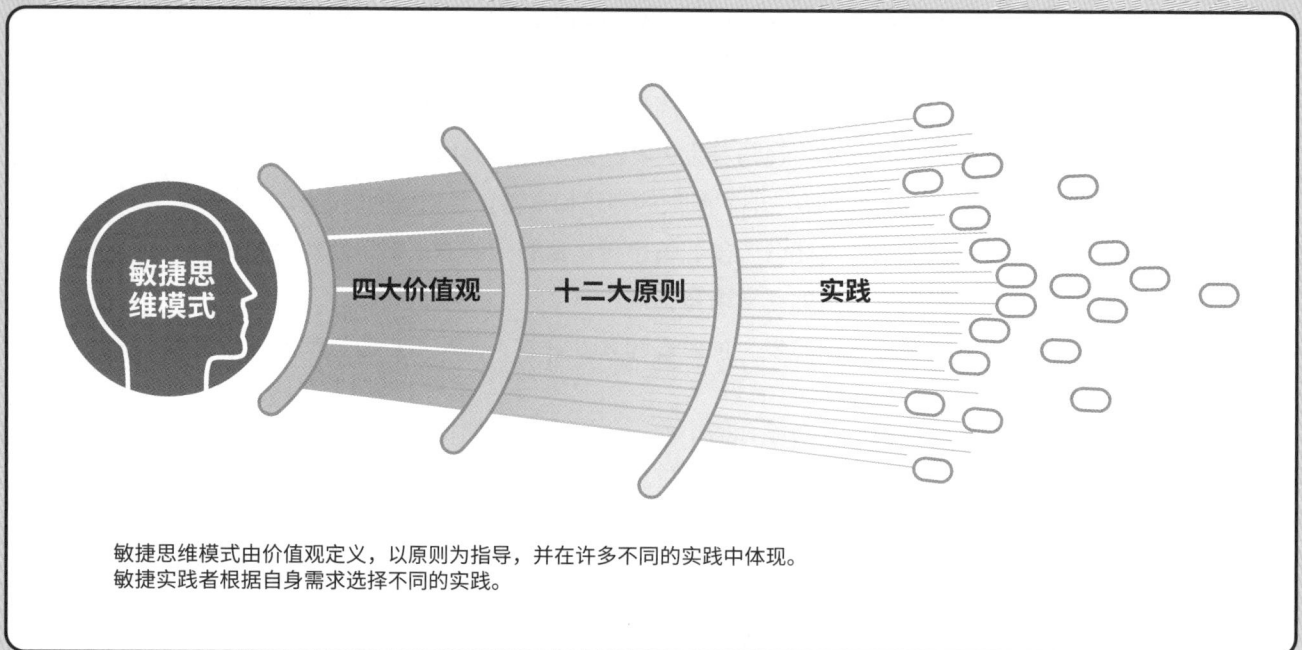

敏捷思维模式由价值观定义，以原则为指导，并在许多不同的实践中体现。
敏捷实践者根据自身需求选择不同的实践。

图 2-3《敏捷宣言》价值观、原则和通用实践之间的关系

如图 2-3 所示，在艾哈迈德·西德基 (Ahmed Sidky) 启发下提出的模式将敏捷明确表述为一种思维模式，它由《敏捷宣言》的价值观所界定，受《敏捷宣言》原则指导，并通过各种实践实现。值得关注的是，虽然术语"敏捷"在《敏捷宣言》发表后流行开来，但今天项目团队所使用的方法和技术却在《敏捷宣言》发表前已经使用多年，有些已经使用了几十年之久。

"敏捷方法"是一个囊括了各种框架和方法的涵盖性术语。图 2-4 结合上下文将敏捷定位为一个总称，它指的是符合《敏捷宣言》价值观和原则的任何方法、技术、框架、手段或实践。图 2-4 还将敏捷方法和看板方法视为精益方法的子集。这样做的原因是，它们都是精益思想的具体实例，都反映了诸如以下概念："关注价值""小批量"和"消除浪费"。

敏捷是一种方法、手段、实践、技术还是框架？根据具体情况，上述词语均适用。除非使用其他词语明显更为合适，否则，本实践指南使用"方法"一词。

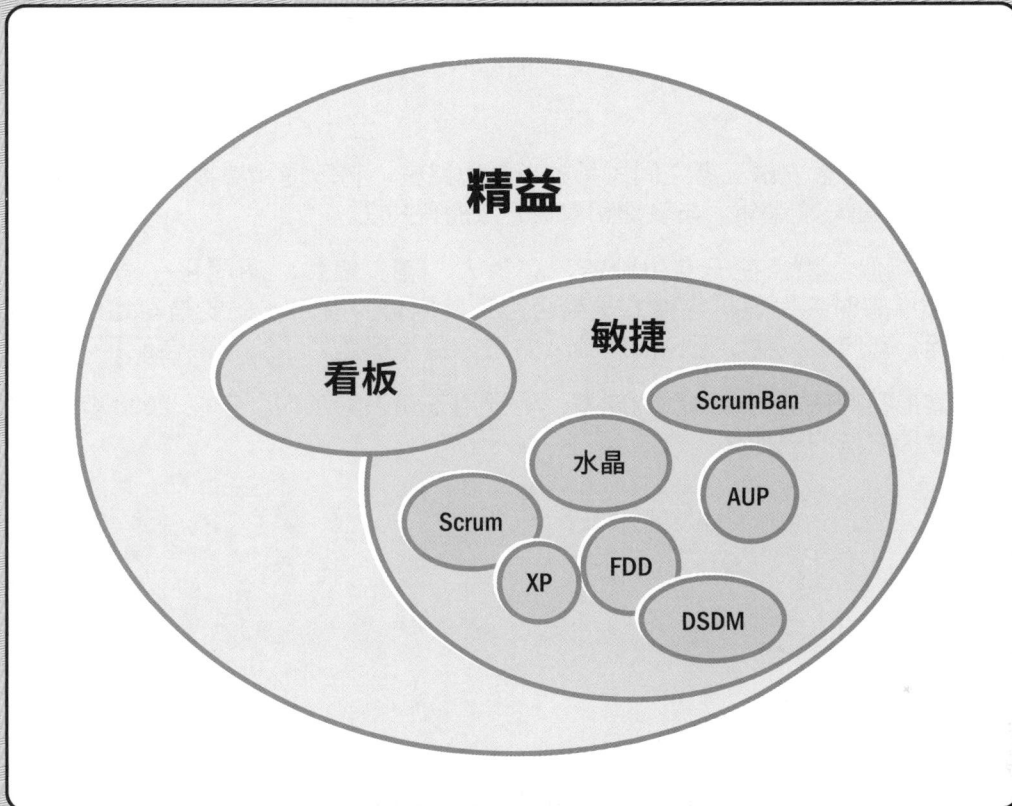

图 2-4敏捷是许多方法的一个总称

一般而言，可通过两种策略践行敏捷价值观和原则。一种策略是采用正规的敏捷方法，它们为特意设计，经证明可达成期望的成果。那么，在变更和裁剪之前，就需要花时间学习和理解敏捷方法。不成熟和随意的裁剪会让敏捷方法的效果大打折扣，从而限制了收益。(参见附录X2 中的"建议"。)

　　第二种策略是，以一种适合项目背景的方式对项目实践进行变更，以便在核心价值观或原则方面取得进展。使用时间盒创建功能，或者使用特定技术迭代优化功能。在适用于特定项目背景下，考虑将一个大项目划分为几部分发布。实现有助于项目成功的变更，这些变更不必是组织的正式实践的组成部分。最终目标不是为了敏捷而敏捷，而是为了向客户持续交付价值流，并达成更好的商业成果。

2.3 精益与看板方法

　　看待精益、敏捷与看板方法三者之间关系的一种思路是，将敏捷和看板方法视为精益思想的衍生物。换言之，精益思想是一个超集，与敏捷和看板方法拥有共性。

　　这种共性非常相似，重点在于交付价值、尊重人、减少浪费、透明化、适应变更以及持续改善等方面。项目团队有时会发现将各种方法结合起来使用更为有用，只要是对组织或团队有效的方法，无论来源如何，都应该采纳。无论使用什么方法，目标都是为了实现最佳结果。

　　看板方法受到最初的精益制造体系的启发，专门用于知识型工作。它在 2000 年代中期出现，是当时非常盛行的敏捷方法的一种替代方法。

看板方法不如某些敏捷方法规范，破坏性也较小，原因在于它是原始的"原地出发"方法。在有必要或适当的情况下，项目团队可以相对轻松地应用看板方法，并向其他敏捷方法发展。关于看板方法的更多信息，请参见"附录 A3 敏捷和精益框架概述"。

● ● ● ● ●

案
例
　　围绕看板方法以及其是否属于精益或敏捷运动可能总是会有大量讨论。它从精益制造构思而来，也围绕精益制造，但更广泛地应用于敏捷环境中。

● ● ● ● ●

2.4 不确定性、风险和生命周期选择

有些项目在项目需求，以及如何使用现有知识和技术满足这些需求方面，具有很大的不确定性。这些不确定因素可能导致大量变更和项目复杂性的提高。上述特点如图 2-5 所示。

随着项目不确定性的增加，返工的风险和使用不同方法的需求也会增加。为了减轻这些风险的影响，团队选择的生命周期要能够通过较少的工作增量解决项目的大量不确定性问题。

团队可以利用较少的工作增量验证自身的工作，并且可以对接下来的工作做出相应变更。与静态书面规范相比，当团队交付小的增量时，他们能够更快更准确地理解真正的客户需求。

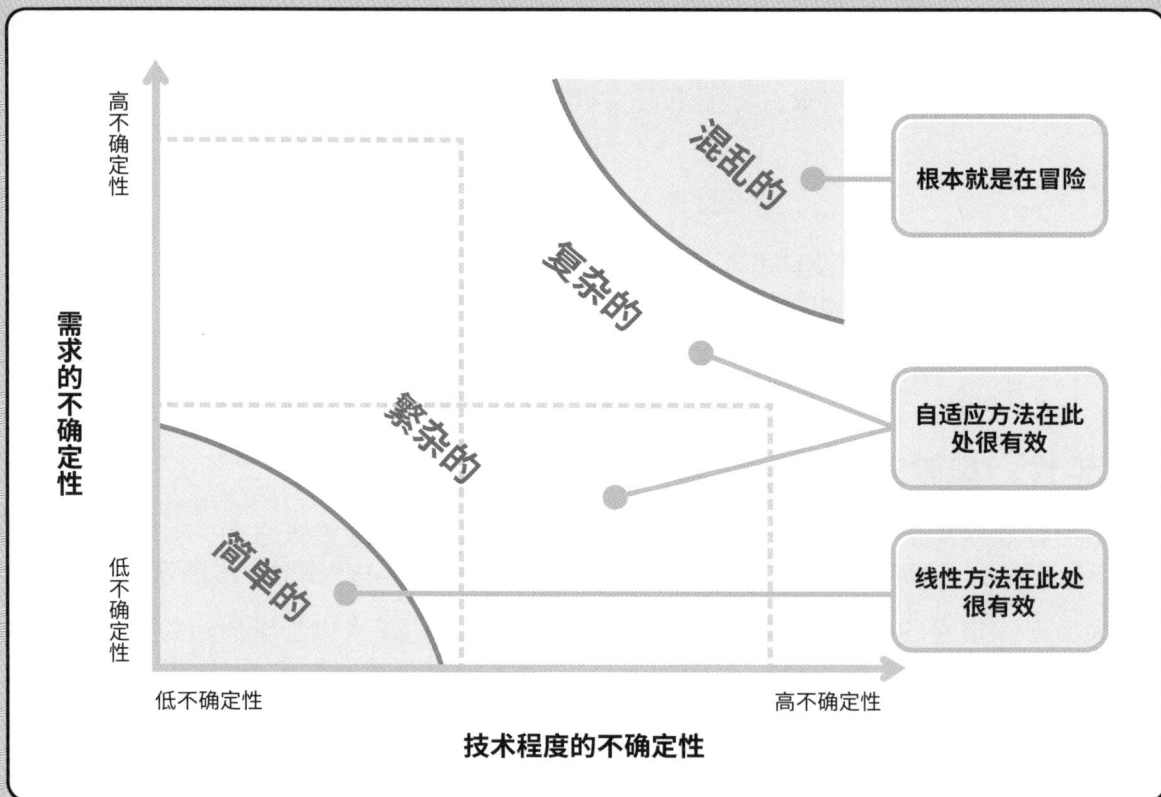

图 2-5 受斯泰西复杂性模型启发的不确定性和复杂性模型

团队可以用明确稳定的管理要求规划并管理项目，轻松解决各种技术挑战。但是，随着项目不确定性的增加，变更、做无用功和返工的可能性也会随之增加，而这不仅代价高昂，而且耗费时间。

有些团队让项目生命周期发生演变，以便使用迭代和增量方法。许多团队发现，在探讨迭代需求、更频繁地交付增量时，团队会更容易适应变更。由于团队获得反馈，这些迭代和增量方法减少了浪费和返工。这些方法应用了：

◆ 非常短的反馈循环；

◆ 频繁调整过程；

◆ 重新进行优先级排序；

◆ 定期更新计划；

◆ 频繁交付。

要点

　　简单项目、繁杂项目和复杂项目分别意味着什么？考虑一些大型的项目，比如波士顿"大开挖"隧道工程项目。表面上，该项目似乎相当简单：将高架公路移到地下。对需求也有高度的共识（参见图 2-5 Y轴）。在项目开始之前，项目继续推进的不确定性很低。而且，像许多大型项目一样，该项目在进行过程中也遇到了一些意外。

　　在从事一个几乎没有中间可交付成果或者几乎没有机会进行原型开发的项目时，团队最有可能会使用预测型生命周期进行项目管理。团队可以根据其发现的情况做出调整，但却无法使用敏捷方法管理新增迭代需求或增量可交付成果，进而获得反馈。

　　"大开挖"项目无论如何都不是一个简单项目。但是，许多项目一开始处于斯泰西复杂性模型的左下部分，并无真正的手段转而使用其他方法。从需求和交付手段两方面对项目进行评估后确定了项目生命周期的最佳方法。

对于涉及新颖的工具、技术、材料或应用领域的项目，这些迭代、增量和敏捷方法非常有效。（参见第 3 章"生命周期选择"。）它们也适用于具有以下特点的项目：

◆ 需要研究和开发；

◆ 变更速度极快；

◆ 具有不明确或未知的需求、不确定性或风险；

◆ 最终目标难以描述。

通过构建一个小的增量，然后对其进行测试和评估，团队可以在短时间内以低成本探索不确定性，降低风险，最大程度地实现商业价值的交付。这种不确定性可能集中于适用性和需求（正在构建的产品是否正确？）、技术可行性和性能（产品是否可以采用这种方法构建？）或过程和人员（这是否为团队工作的一种有效方式？）。以上三个特点（产品规格、生产能力和过程适用性）通常都具有高度不确定性因素。

不过，迭代和增量管理方法也有其应用局限性。当技术和需求的不确定性都很高时（图 2-5 右上部分），项目就会极端复杂，陷入无序状态。为了使项目尽可能可靠，需要遏制其中一个不确定性变量。

3

生命周期选择

项目有多种形式，也有多种实施方式。项目团队需要认识到相关特征和方案，以选择最可能使项目成功的方法。

本实践指南涉及四种生命周期，分别定义如下：

◆ **预测型生命周期。**这是一种更为传统的方法，提前进行大量的计划工作，然后一次性执行；执行是一个连续的过程。

◆ **迭代型生命周期。**这种方法允许对未完成的工作进行反馈，从而改进和修改该工作。

◆ **增量型生命周期。**这种方法向客户提供各个已完成的，可能立即使用的可交付成果。

◆ **敏捷生命周期。**这种方法既有迭代，也有增量，便于完善工作，频繁交付。

非敏捷方法应该如何称呼？

并没有一个通用的术语用于描述非敏捷方法。起初，本实践指南用术语**计划驱动型**描述强调提前计划，然后再实施该计划。有些人更喜欢用术语**瀑布式**或**系列式**描述这种生命周期。最终，我们选定使用术语**预测型**，因为它在《项目管理知识体系指南》（《PMBOK® 指南》）[3] 和《项目管理知识体系指南（PMBOK®指南）（第5版）—软件分册》[4] 中也曾用到。

许多组织都不曾遇到过这两种极端情况，而只遇到过某些中间情况。这是很正常的，但我们仍然需要一种方法来讨论这两个极端。如果**敏捷**是其中一个极端，我们将另一个极端称为**预测型**。

3.1 项目生命周期的特征

表 3-1 简要说明了本实践指南涉及的四种生命周期的特征。

表 3-1四种生命周期的特征

特征				
方法	需求	活动	交付	目标
预测型	固定	整个项目仅执行一次	一次交付	管理成本
迭代型	动态	反复执行直至修正	一次交付	解决方案的正确性
增量型	动态	对给定增量执行一次	频繁更小规模交付	速度
敏捷型	动态	反复执行直至修正	频繁小规模交付	通过频繁小规模交付和反馈实现的客户价值

需要注意的是，所有的项目都具有这些特征，没有一个项目能够完全不考虑需求、交付、变更和目标这些因素。项目的固有特征决定了其适合采用哪种生命周期。

另一种理解不同项目生命周期的方法是，使用一个连续区间，从一端的预测型周期到另一端的敏捷型周期，连续区间中间还有更多的迭代型周期或增量型周期。

第六版《PMBOK® 指南》附录 X3 图 X3-1 将连续区间显示为一条直线。该图强调了从线的一端到另一端，项目特征的变化情况。另一种形象化的方法是，用一个二维正方形表示这个连续区间，如图 3-1 所示。

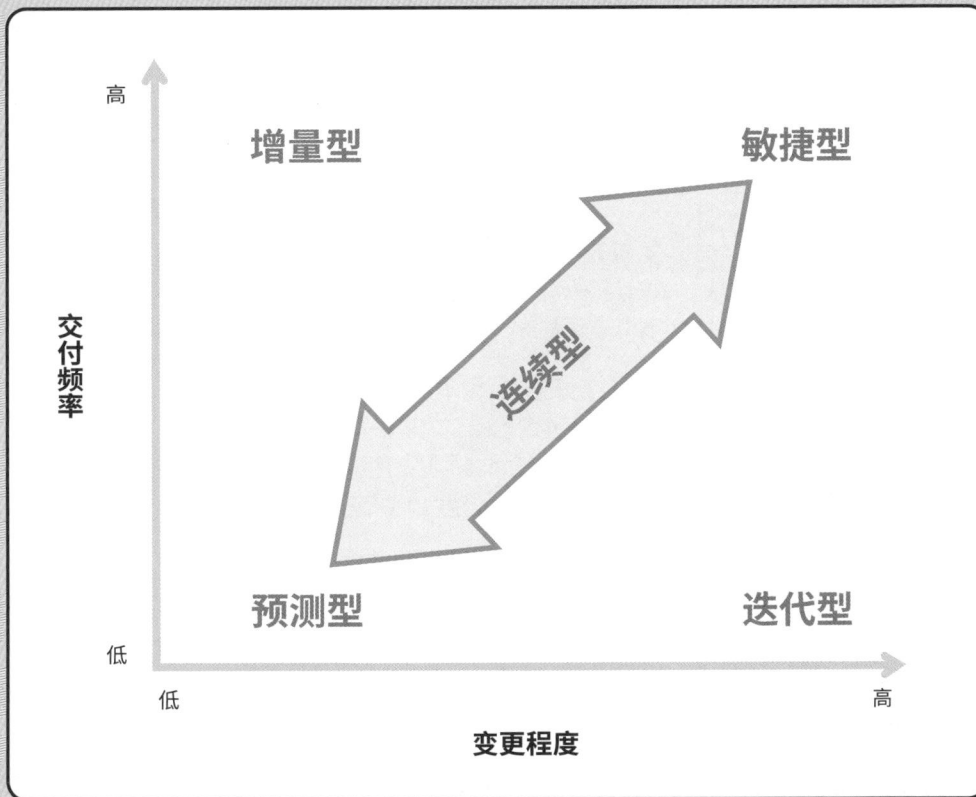

图 3-1 生命周期的连续区间

没有哪个生命周期能够完美地适用于所有的项目。相反，每个项目都能在连续区间中找到一个点，根据其背景特征，实现最佳平衡。

◆ **预测型生命周期。**充分利用已知和已经证明的事物。不确定性和复杂性的减少，允许项目团队将工作分解为一系列可预测的小组。

◆ **迭代型生命周期。**允许对部分完成或未完成的工作进行反馈，从而对该工作进行改进和修改。

◆ **增量型生命周期。**可向客户提供完成的可交付成果，让客户能够立即使用。

◆ **敏捷生命周期。**它同时利用迭代属性和增量特征。团队使用敏捷方法时，他们会对产品进行迭代，创建完成的可交付成果。团队将获得早期的反馈，并能提供客户可见性、信心和对产品的控制。由于团队可以提前发布产品，而团队将率先交付价值最高的工作，所以项目可以更早产生投资回报。

计划始终贯穿其中

要记住的关键一点是，每种生命周期都有计划要素。生命周期的不同之处并非在于计划是否完成，而在于完成了多少计划以及何时完成。

在连续区间的预测一端，是计划驱动着工作。有多少计划，就有多少提前执行的可能性。尽可能详细地定义需求。团队估算何时能够交付可交付成果，并全面开展采购工作。

在迭代方法中，也计划了原型和验证，但是输出的目的是修改一开始所创建的计划。对未完成的工作的早期评审将有助于未来的项目工作。

与此同时，增量方法计划交付整个项目后续部分。团队可以提前计划可交付成果的若干次连续交付，或者一次只计划交付一个。可交付成果为未来的项目工作提供了相关信息。

敏捷项目也有计划。主要区别在于，通过对频繁交付的可交付成果的评审，团队将能获得更多的信息，从而在此基础上进行计划和重新计划。无论采用哪种项目生命周期，项目都需要计划。

3.1.1 预测型生命周期的特征

预测型生命周期预计会从高确定性的明确的需求、稳定的团队和低风险中获益。因此，项目活动通常以顺序方式执行，如图 3-2 所示。

为了实现这种方法，团队需要详细的计划，了解要交付什么以及怎样交付。当其他潜在变更受到限制时，这些项目就会成功（例如，需求变更；项目团队成员修改团队交付的成果）。团队领导的目标是尽可能减少预测型项目的变更。

团队在项目开始时创建详细的需求和计划时，他们可以阐明各种制约因素。然后，团队可以利用这些制约因素管理风险和成本。进而，团队在实施详细计划时，他们会监督并控制可能影响范围、进度计划或预算的变更。

预测型项目强调根据部门划分的、有效的、顺序的工作，并且通常不会在项目结束前交付商业价值。如果遇到变更或需求分歧，或者技术解决方案变得不再简单明了，预测型项目就将产生意想不到的成本。

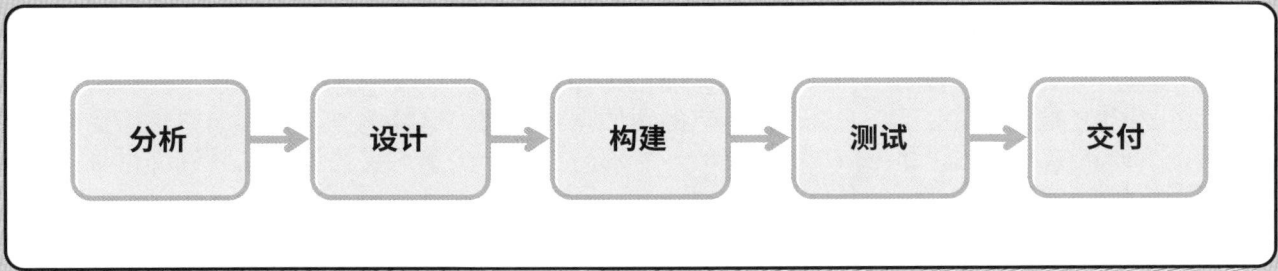

图 3-2预测型生命周期

3.1.2 迭代型生命周期的特征

迭代型生命周期通过连续的原型或概念验证来改进产品或成果。每一个新的原型都能带来新的相关方新的反馈和团队见解。然后，团队在下一周期重复一个或多个项目活动，在其中纳入新的信息。团队可能会在长达数周时间的一个特定迭代中使用时间盒，集中各种见解，然后根据这些见解对活动进行返工。这样，迭代有利于识别和减少项目的不确定性。

当项目复杂性高、变更频繁或当项目范围受到相关方对所需最终产品的不同观点的支配时，采用迭代型生命周期会有优势。迭代型生命周期可能需要更长的时间，因为它是为学习而优化，而不是为交付速度而优化。

图 3-3 显示迭代型项目生命周期的一个产品交付的某些要素。

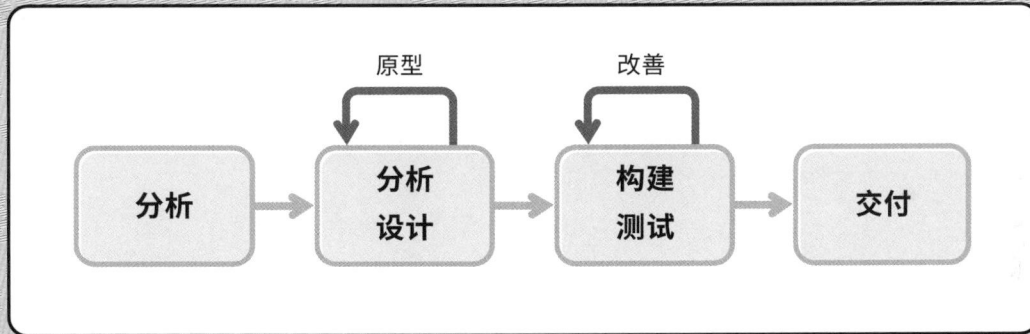

图 3-3迭代型生命周期

您是否曾经参与过这样的项目，在项目过程中，需求似乎每天都在变化，您认为，"我们在交付企业批准的原型时就会了解需求。"如果情况如此，那么，采用敏捷方法将有助于这个项目。原型法鼓励反馈，并有助于更好地理解可纳入每个可交付成果的需求。

3.1.3 增量型生命周期的特征

有些项目优化是为了加快交付速度。许多企业和项目无法等待所有的事情全部完成；这种情况下，客户愿意接受整个解决方案的一个部分。这种少量可交付成果的频繁交付称为增量型生命周期（参见图 3-4）。

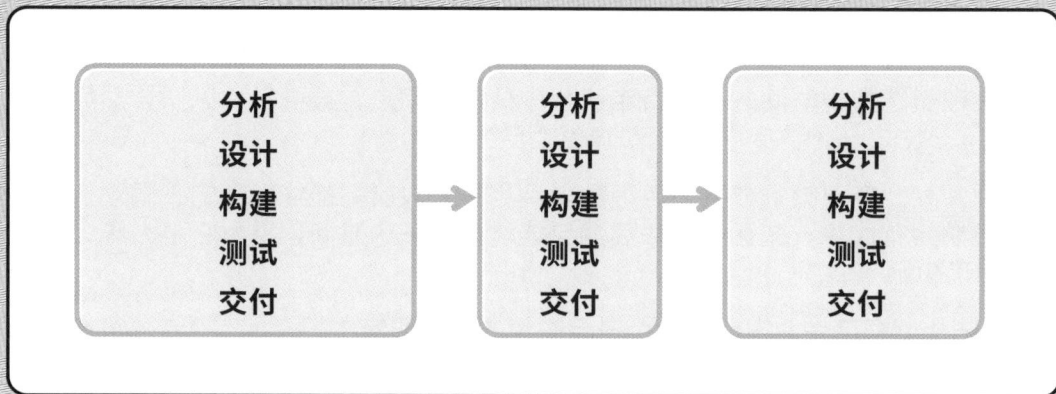

图 3-4 不同大小的增量的生命周期

要点 ▶ 您是否并不确定新的商业服务在实践中怎样发挥作用？用评估标准来创建一个概念验证，以此探讨期望的结果。如果您怀疑需求将根据客户的反馈发生变更，请使用迭代方法。

与一次交付一个最终产品相比，增量型生命周期将经常优化为项目发起人或客户交付价值的工作。在开始工作之前，团队就计划了最初的可交付成果，他们还会尽快开始第一次交付的工作。某些敏捷项目在项目启动后几天内就开始交付价值。有的项目可能需要更长的时间，从1周到几周时间不等。

随着项目的继续，团队可能会偏离最初的设想。由于可以更快地交付价值，因而团队可以管理偏差。与客户在项目结束时获得价值相比，确保客户能尽早获得价值，其变更和差异程度的重要性变得不那么重要。

完整性和交付是主观的。团队可能需要获得关于原型的反馈，然后可能选择将最小可行性产品 (MVP) 交付给部分客户。客户的反馈将帮助团队了解他们需要为随后交付的最终功能的完善提供些什么。

敏捷团队的一个重要差异化优势在于，他们会经常交付商业价值。由于产品的功能得到增加，就能吸引更多的消费者，因而我们就可以说，它是增量交付的。

采用增量方法的一个例子是：为客户提供一个单一功能或是交付一项完成的工作。

例如，在继续修建大楼的其余部分之前，施工人员可能希望先展示一间已完工的房间或一层楼。这种情况下，在继续修建大楼的下一层前，他们可能会为已完工的楼层布置家具、刷漆等。客户可以查看和批准有关样式、颜色和其他细节，以便在进一步投入时间和金钱之前做出相应的调整。这样做将减少潜在的返工和/或客户的不满。

3.1.4 敏捷生命周期的特征

在敏捷环境中，团队预料需求会发生变更。迭代和增量方法能够提供反馈，以便改善项目下一部分的计划。不过，在敏捷项目中，增量交付会发现隐藏或误解的需求。图 3-5 显示了实现增量交付的两种可能的方法，这样将便于项目与客户需求保持一致，并根据需要进行调整。

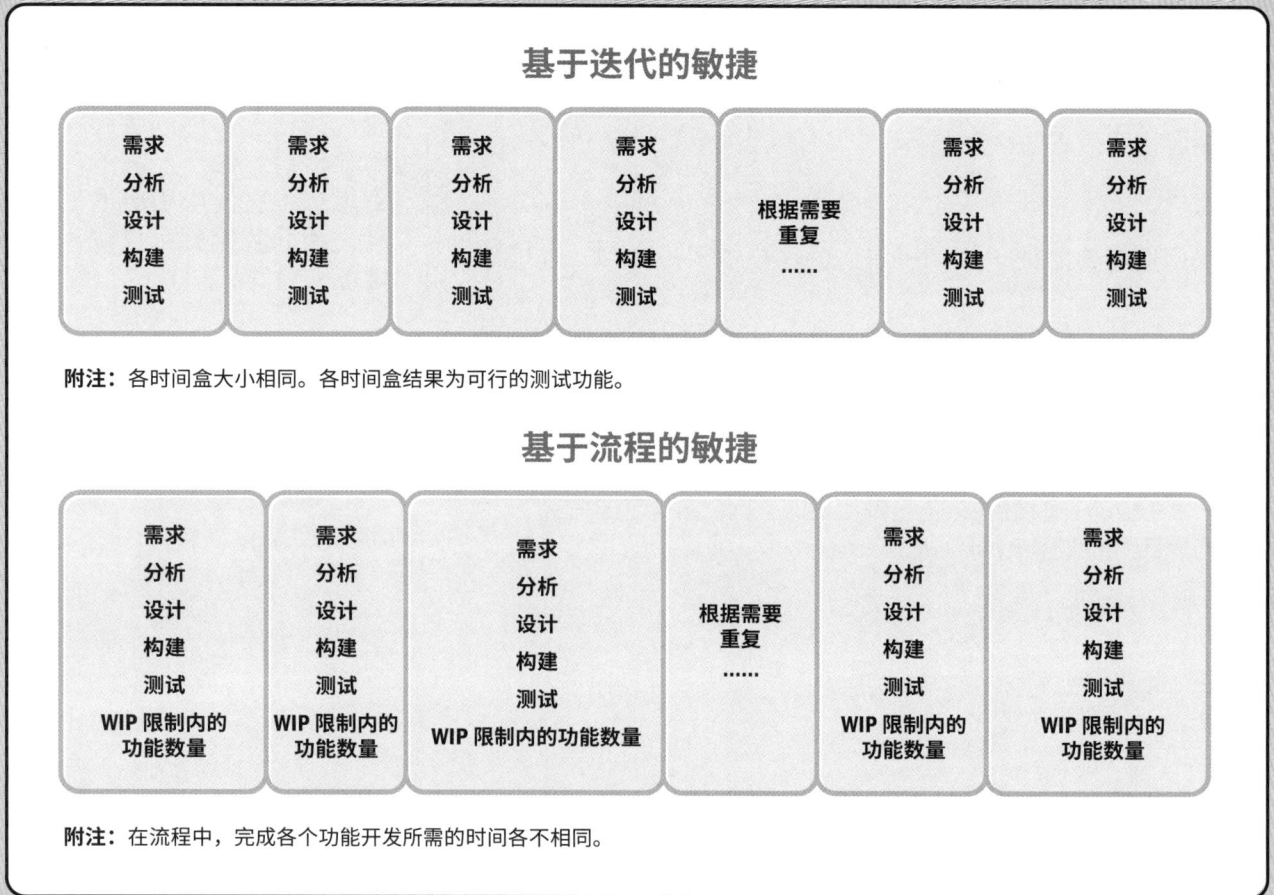

基于迭代的敏捷

| 需求
分析
设计
构建
测试 | 需求
分析
设计
构建
测试 | 需求
分析
设计
构建
测试 | 需求
分析
设计
构建
测试 | 根据需要
重复
…… | 需求
分析
设计
构建
测试 | 需求
分析
设计
构建
测试 |

附注： 各时间盒大小相同。各时间盒结果为可行的测试功能。

基于流程的敏捷

| 需求
分析
设计
构建
测试
WIP 限制内的
功能数量 | 需求
分析
设计
构建
测试
WIP 限制内的
功能数量 | 需求
分析
设计
构建
测试
WIP 限制内的功能数量 | 根据需要
重复
…… | 需求
分析
设计
构建
测试
WIP 限制内的
功能数量 | 需求
分析
设计
构建
测试
WIP 限制内的
功能数量 |

附注： 在流程中，完成各个功能开发所需的时间各不相同。

图 3-5基于迭代和基于流程的敏捷生命周期

在基于迭代的敏捷中，团队以迭代（相等持续时间的时间盒）形式交付完整的功能。团队集中于最重要的功能，作为一个团队合作完成其工作。然后，团队再集中于下一项最重要的功能，并合作完成其工作。团队可决定一次进行若干功能的开发工作，但团队不会同时完成所有的迭代工作（即团队不会在完成全部分析等工作后再解决所有需求）。

对于建立在流程基础上的敏捷方法，团队将根据自身能力，从待办事项列表中提取若干功能开始工作，而不是按照基于迭代的进度计划开始工作。团队定义任务板各列的工作流，并管理各列的进行中的工作。完成不同功能所花费的时间可能有所不同。团队让进行中的工作的规模尽量小，以便尽早发现问题，并在需要变更时减少返工。无需利用迭代定义计划和审核点，而由团队和业务相关方决定规划、产品评审与回顾的最适当的进度计划。

敏捷生命周期是符合《敏捷宣言》原则的周期。特别是，客户满意度将随着有价值产品的早期交付和持续交付不断提升。此外，功能性的、提供价值的增量可交付成果，是衡量进展的主要尺度。为了适应更频繁的变更和更频繁地交付项目价值，敏捷生命周期结合了迭代和增量方法。

3.1.5 敏捷适用性筛选器

有各种评估模型可用来帮助确定使用敏捷方法的适合性或差距。这些模型评估项目和具有适应性和适用性的组织因素，然后提供分数表明一致性或潜在风险领域。附录 X3 综合提供了各种流行的评估模型，它们可用作敏捷适用性筛选器。

3.1.6 混合生命周期的特征

对于整个项目，没有必要使用单一的方法。为达到特定的目标，项目经常要结合不同的生命周期要素。预测、迭代、增量和/或敏捷方法的组合就是一种混合方法。

图 3-6 描述了针对不同项目类型的基本的、单一的方法，它们结合起来就形成一种混合模型。早期过程采用了一个敏捷开发生命周期，之后往往是一个预测型的发布阶段。当项目可以从敏捷方法中受益并且项目的开发部分中存在不确定性、复杂性和风险时，可以使用这种方法，然后是一个明确的、可重复的发布阶段，该阶段适合采用预测方法进行，可能由不同的团队实施。这种方法的一个例子是，开发某种新的高科技产品，然后面向成千上万的用户推出，并对他们进行培训。

敏捷型	敏捷型	敏捷型	预测型	预测型	预测型

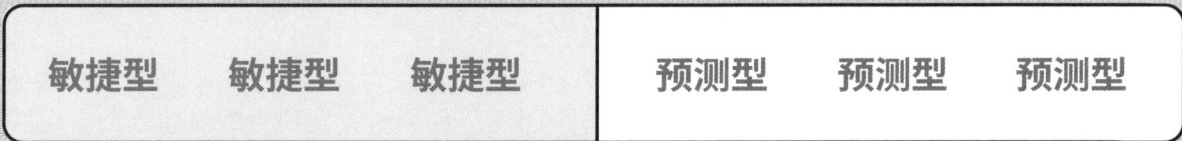

图 3-6 敏捷开发后接预测型发布

3.1.7 结合了敏捷和预测的方法

另一种方法是在整个生命周期中结合使用敏捷方法和预测法。

敏捷型	敏捷型	敏捷型
预测型	预测型	预测型

图 3-7 同时结合使用敏捷和预测的方法

在图 3-7 中，在同一项目中结合使用了预测法和敏捷方法。也许团队正在逐渐地向敏捷过渡，并使用一些方法，如短迭代、每日站会和回顾，但在项目的其他方面，如前期评估、工作分配和进度跟踪等，仍然遵循了预测法。

同时使用预测法和敏捷方法是一个常见的情况。将这种方法称为敏捷方法是一种误导，因为它显然没有充分体现敏捷思维模式、价值观和原则。不过，由于这是一种混合方法，所以称其为预测法也是不准确的。

3.1.8 以预测法为主、敏捷方法为辅的方法

图 3-8 所示为一个以预测法为主的项目中一个小的敏捷要素。在这种情况下，以敏捷方法处理具有不确定性、复杂性或范围蔓延机会项目的一部分，而使用预测法管理项目的其余部分。这种方法的一个例子是，某工程公司正在使用一个新的组件建造一个设施。

图 3-8 以预测法为主、敏捷方法为辅的方法

虽然大部分项目可能是常规的、可预测的，就像组织实施的许多其他的设施项目一样，但这个项目包含了一种新的屋顶材料。承包商可能计划首先在地面上进行一些小规模的安装试验，以确定最佳的安装方法，并在有足够时间解决问题时尽早发现问题，随后通过试验和调整，增量地改进过程。

3.1.9 以敏捷方法为主、预测法为辅的方法

图 3-9 描述了一个以敏捷方法为主、预测法为辅的方法。当某个特定要素不可协商，或者使用敏捷方法不可执行时，可能会使用这种方法。这种情况的例子包括，集成由不同供应商开发的外部组件，这些外部组件不能或不会以协作或增量方式合作。在组件交付之后，需要单独集成。

图 3-9 以敏捷方法为主、预测法为辅的方法

某政府部门有一个信贷保险申请开发项目。这个多年期项目使用新的、响应能力更强的用户界面和系统集成来取代其过时的保险体系。项目的大部分使用敏捷方法实施，并伴有持续的业务输入。

保险费率根据经济合作与发展组织（OECD）下发的一个200页的规范进行计算。计算步骤解释非常清楚，几乎不会有混淆机会（也几乎没有中间结果需要企业确认），并且计算步骤的编码由一个独立团队完成。两个团队合作计算所需的输入变量，以及如何使用和显示输出值，但除此之外，计算团队在很大程度上以预测的方式工作。

在计算团队的工作完成时，屏幕和报告中就会显示保险费率计算的输出。随后，企业用户提供关于外观和信息使用的反馈。这两个团队的工作同时进行，但几乎不需要进行交互。让两个团队彼此空间上的靠近可以更容易地检查开发进度，但它们主要还是独立的子项目。

3.1.10 符合目的的混合生命周期

项目团队可能基于项目风险设计一个混合生命周期。例如，某校园建设项目可能会有多个建筑需要改善和建设。增量方法会将资源集中，使某些建筑比其他建筑更早完工，从而加快投资回报。众所周知，每个建筑的独自交付都能得益于该建筑独自采用预测型生命周期。

项目管理的目标是在给定的当前环境下尽可能以最好的方式创造商业价值。项目采用敏捷方法抑或预测法，都无关紧要。要提出的问题是："我们怎样做才能最成功？"

当团队创造价值时，是否需要反馈？如果需要，增量方法将会有所帮助。在探讨各种想法时，是否需要管理风险？如果需要，迭代方法或敏捷方法将会有所帮助。

当组织无法交付中间价值时，敏捷方法可能不是很有用。这样没有问题，但为了敏捷而敏捷并不是目标。关键在于，要选择一个对项目、风险和文化管理有用的生命周期或生命周期的组合。

敏捷关乎频繁向客户交付。而这种交付要给团队带来反馈。团队利用上述反馈规划并重新规划下一部分的工作。

3.1.11 混合型生命周期作为过渡策略

许多团队无法在一夜之间切换到敏捷工作方式。对于那些已经习惯于预测型环境、并在其中获得成功的人士，敏捷技术的观感截然不同。组织越大，活动部件越多，转换需要的时间就越长。因此，计划一个渐进的过渡是有意义的。

渐进的过渡涉及到要增加更多的迭代技术，以便改进学习，加强团队和相关方的一致性。之后，还要考虑增加更多的增量技术，以加快对发起人的价值和投资回报。上述各种方法的组合被视为一种混合方法。

可以先在一个风险不大、具有中低程度不确定性的项目中尝试这些新技术。在组织成功地使用混合方法后，再尝试更复杂的项目，这些项目需要增加更多的技术。这是一种根据组织的情况、特定的风险，以及团队适应并接受变革的就绪情况而调整的渐进混合过渡。

3.2 混合敏捷方法

敏捷团队很少将其实践局限于一种敏捷方法。每个项目背景都有其各自的独特性，比如团队成员技能和背景的不同组合；开发中的产品的各个组成部分；工作环境中的年龄、规模、关键性、复杂性和监管制约因素等。

敏捷框架并不是针对团队定制的。为了定期交付价值，团队可能需要对实践进行裁剪。通常，团队都会实践各自特殊的敏捷组合，即便他们使用一个特定的框架作为起点也不例外。

协调方法

裁剪敏捷框架的一个例子是，一个广泛使用的常见协调方法涉及到协调使用 Scrum 框架、看板方法和极限编程 (XP) 方法的要素。Scrum 为产品待办事项列表、产品负责人、Scrum 主管以及跨职能开发团队的使用提供指导，包括冲刺计划、每日例会、冲刺评审和冲刺回顾会议。看板面板帮助团队进一步提高效率，方法是将工作流可视化、使障碍更容易被察觉，以及通过调整在制品限制来实现流程管理。此外，受极限编程启发的工程实践，如使用故事卡、持续集成、重构、自动化测试和测试驱动开发，将进一步提高敏捷团队的效力。总之，与孤立采用各种实践相比，协调这些不同来源的实践将产生更好的协同成果。

3.3 影响裁剪的项目因素

有时，为了更好地配合，根据项目属性对方法进行裁剪。表 3-2 列出一些要考虑的项目因素和裁剪方案。

表 3-2改进配合的裁剪方案

项目因素	裁剪方案
需求模式：稳定型或偶发型	许多团队发现，使用节奏（以定期时间盒的形式）能帮助他们演示、回顾和理解新任务。此外，有些团队在接受更多任务时需要更多的灵活性。团队可使用基于流的敏捷方法，利用节奏实现两全其美
团队经验水平所要求的过程改进速度	更频繁地回顾并选择改进措施
工作流往往被各种延误或障碍打断	考虑利用看板面板让工作可见，对工作过程的不同领域尝试限制，从而改进工作流
产品增量的质量不佳	考虑利用各种测试驱动开发的实践。这种防错机制使缺陷难以不被发现
创建某个产品需要不止一个团队	从一个敏捷团队扩展到数个敏捷团队，同时只有轻微干扰，首先要了解敏捷项目集管理或者正规扩展框架。其次，要精心制定一种适合项目背景的方法
项目团队成员缺乏使用敏捷方法的经验	考虑从培训团队成员敏捷思维模式和敏捷原则的基本原理开始。如果团队决定使用特定的方法，如 Scrum 或看板，则要针对上述方法举办研讨会，让团队成员学习如何使用

关于影响裁剪的因素的更多指导，请参见附录 X2"影响裁剪的属性"。

4

实施敏捷：创建敏捷环境

4.1 从敏捷思维模式开始

使用敏捷方法管理项目，要求项目团队采用敏捷思维模式。以下问题的答案将有助于制定实施策略：

◆ 项目团队如何以敏捷方式行动？

◆ 为了使下一交付周期受益，团队需要快速交付哪些成果并获得早期反馈？

◆ 团队如何以一种透明的方式行动？

◆ 为了专注于高优先级的项目，可以避免哪些工作？

◆ 仆人式领导对团队达成目标有何益处？

4.2 仆人式领导为团队赋权

敏捷方法强调，仆人式领导是一种为团队赋权的方法。仆人式领导是通过对团队服务来领导团队的实践，它注重理解和关注团队成员的需要和发展，旨在使团队尽可能达到最高绩效。

仆人式领导的作用是促进团队发现和定义敏捷。仆人式领导实践并传播敏捷。仆人式领导按照以下顺序从事项目工作：

◆ **目的。**与团队一起定义"为什么"或目的，以便他们能围绕项目目标进行合作互动。整个团队在项目层面而不是在人员层面优化。

◆ **人员。**目标确立后，鼓励团队创造一个人人都能成功的环境。要求每个团队成员在项目工作中做出贡献。

◆ **过程。**不要计划遵循"完美"的敏捷过程，而要注重结果。如果跨职能团队能够常常交付完成的价值并反思产品和过程，团队就是敏捷的。团队将其过程称作什么并不重要。

以下仆人式领导的特征让项目领导变得更加敏捷，促进团队的成功：

◆ 提升自我意识；

◆ 倾听；

◆ 为团队服务；

◆ 帮助他人成长；

◆ 引导与控制；

◆ 促进安全、尊重与信任；

◆ 促进他人精力和才智提升。

仆人式领导并不是敏捷所独有的。但经过实践，仆人式领导通常能了解到仆人式领导是怎样融入敏捷思维模式和价值观的。

领导在发展自身仆人式领导力或促进技巧后，他们就更愿意成为敏捷践行者。因此，仆人式领导可以帮助他们的团队通过合作更快地交付价值。

成功的敏捷团队信奉成长思维模式，团队成员自己能够学到新技能。如果团队和仆人式领导都相信自己能够学习，那么所有人的能力都能得到提高。

4.2.1 仆人式领导的职责

仆人式领导通过管理关系，在团队内和组织中建立沟通与协作。这些关系可以帮助领导在组织中得心应手地为团队提供支持。这种支持有助于消除障碍，促进团队理顺过程。由于仆人式领导了解敏捷，在应用具体方法时践行敏捷，因而他们能帮助满足团队的需要。

4.2.1.1 仆人式领导的促进作用

项目经理成为仆人式领导时，工作重点就会从"管理协调"转向"促进合作"。促进者将帮助每个人各尽所能地思考和工作。促进者鼓励团队参与、理解，并对团队输出共同承担责任。促进者帮助团队创建可接受的解决方案。

仆人式领导促进团队内部和团队之间的合作与对话。例如，仆人式领导在团队内部和团队之间帮助发现瓶颈问题，并进行相应沟通。然后，团队将解决这些瓶颈问题。

此外，促进者还鼓励大家通过交互式会议、非正式对话和知识共享展开协作。仆人式领导要通过成为公正的搭桥者和教练来做到这一点，而不是代替其他责任人做出决策。

4.2.1.2 仆人式领导消除组织障碍

《敏捷宣言》的第一个价值观关乎个人与过程和工具的交互。对仆人式领导而言，更好的职责是认真审视那些阻碍团队敏捷或组织敏捷的过程，并努力使其合理化。例如，如果一个部门需要大量文档，仆人式领导的角色就能发挥作用，他们可以与部门合作审查所需的文档，就敏捷交付如何满足这些需求达成共识提供协助，并对所需的文档数量进行评估，从而使团队能够将时间更多地用于提供有价值的产品，而不是创建详尽的文档。

仆人式领导还应该关注其他冗长的过程，这些过程往往造成瓶颈问题，阻碍团队或组织的敏捷性。可能需要处理的过程或部门的例子包括：财务部门、变更控制委员会或审计部门。仆人式领导可以与他人携手合作，共同质疑和审核他们的过程，为敏捷团队和领导提供支持。例如，对团队而言，每两周交付一个工作产品仅仅是为了让产品进入队列或过程，而冗长的发布过程却可能需要 6 周或更长时间，这样做有什么好处呢？太多的组织都有这些"瓶颈"过程，正是它们阻碍了团队快速交付有价值的产品或服务。仆人式领导有能力改变或消除这些组织障碍，为交付团队提供支持。

人际关系技能与专业技能

除仆人式领导外，团队成员还要重视自身的人际关系技能和情商技能，而不仅仅是专业技能。团队中的每一个人都要努力展示更多的主动性、正直、情商、诚实、合作态度、谦逊和以不同方式沟通的意愿，才能促进整个团队的携手共进。

团队需要上述技能，才能对项目方向的变化和技术产品的变更做出积极应对。只有每个人都能适应工作并彼此适应，整个团队才更有可能迈向成功。

4.2.1.3 仆人式领导为他人贡献铺路

在敏捷中，团队管理其工作过程及其工作产品。自我管理和自我组织适用于所有为组织和项目提供支持的人。仆人式领导为满足团队、项目和组织的需求而工作。仆人式领导可以在团队工作场所与团队一起工作，与管理层一起工作，使团队能够一次专注于一个项目，或者与产品负责人合作，与团队共同开发故事。有些仆人式领导与审计人员合作，改善监管环境中所需的过程；有些仆人式领导与财务部门合作，帮助组织向增量预算过渡。

仆人式领导注重为团队铺路，让团队尽其所能。仆人式领导影响项目，鼓励组织以不同方式思考。

4.2.1.4 考虑这些仆人式领导的职责

仆人式领导可能有很多头衔，但最重要的还是他们所做的工作。以下是一些仆人式领导的职责示例：

◆ 教育相关方，使其了解为什么要敏捷以及如何敏捷。根据优先级说明商业价值的好处，对被赋权团队加强问责，提高工作效率，并通过更频繁的评审改进质量。

◆ 通过指导、鼓励和帮助为团队提供支持。倡导团队成员的培训和职业发展。"我们通过支持的方式领导团队"，这句话说的是领导在发展其团队成员时所扮演的角色。通过支持、鼓励和专业发展，团队成员将获得信心，承担更多的职责，并在组织中做出了更大的贡献。仆人式领导的一个关键作用是，培养和发展团队成员，帮助他们超越自身当前的角色，即使团队将失去他们也在所不惜。

◆ 通过技术项目管理活动，如量化风险分析来帮助团队。有时团队成员可能并不具备在某些角色或功能方面的知识或经验。对相关技能有更多接触或者接受过相关培训的仆人式领导可以通过提供培训或开展这些活动来为团队提供支持。

◆ 庆祝团队的成功，为团队与外部团队合作提供支持，并起到桥梁作用。创造相互欣赏的积极氛围，建立加强合作的良好意愿。

4.2.2 项目经理在敏捷环境中的角色

项目经理在敏捷项目中的角色有些是未知的，原因是许多敏捷框架和方法都不涉及项目经理的角色。一些敏捷实践者认为，并不需要项目经理的角色，因为自组织团队承担了项目经理之前的职责。不过，务实的敏捷实践者和组织认识到，在许多情况下，项目经理都能够创造重要的价值。关键的区别在于，他们的角色和职责看起来有些不同。

要点 ▶ 项目经理的价值不在于他们的岗位，而在于他们能够让每个人都变得更好。

4.2.3 项目经理应用仆人式领导

第六版《PMBOK®指南》将项目经理定义为"由执行组织委派，领导团队实现项目目标的个人"。

许多项目经理已经习惯于作为项目的协调中心，负责跟踪团队的状态，并向组织中的其他成员反映。当项目被分解为孤立的功能时，这种方法没有问题。

然而，对于高不确定性项目，项目的复杂性是一个人所无法管理的。而跨职能团队既能协调自身的工作，还能与业务代表（产品负责人）开展合作。

从事敏捷项目工作时，项目经理的角色就会从团队的中心转变成为团队和管理人员提供服务。在敏捷环境中，项目经理充当仆人式领导，其工作重点转变为引导需要帮助的人，促进团队的合作，保持与相关方的需要一致。作为仆人式领导，项目经理要鼓励将责任分配给团队成员，分配给那些掌握完成任务所需知识的人。

4.3 团队构成

《敏捷宣言》的价值观和原则的一个核心宗旨是强调个人和交互的重要性。敏捷优化了价值流，强调了向客户快速交付功能，而不是怎样"用"人。

> **要点** ▶ 要善于激励项目人员，为他们提供所需的环境和支持，信任他们能够完成工作。

团队在考虑如何优化价值流时，以下好处是显而易见的：

◆ 人员更有可能合作。

◆ 团队更快地完成有价值的工作。

◆ 由于不从事多任务，也不必重新建立环境，团队减少了时间浪费。

4.3.1 敏捷团队

敏捷团队注重快速开发产品，以便能获得反馈。在实践中，最有效的敏捷团队往往由三到九个成员组成。理想情况下，敏捷团队应该集中在一个团队工作场所工作。团队成员 100% 为专职成员。敏捷鼓励自我管理团队，由团队成员决定谁执行下一阶段定义的范围内的工作。敏捷团队与仆人式领导一起茁壮成长。领导支持团队的工作方法。

跨职能敏捷团队频繁创造功能性产品增量。这是因为团队集体对工作负责并共同拥有完成工作所需的所有必要技能。

无论整体的敏捷方法是什么，团队越是限制其在制品，团队成员就越有可能通过合作来加快整个团队的工作。在成功的敏捷团队中，团队成员在工作中以各种方式开展合作（如结对、群集、群体开发），因而，他们会协同工作，而不会落入迷你瀑布的陷阱中。团队在给定时间解决**所有的**需求，然后试图完成**所有的**设计，继而又去完成**所有的**构建，就会发生迷你瀑布的情况。使用这个场景，在构建中或构建后测试中的某一时刻，团队可能会意识到，原先的假设已经不再有效。这种情况下，团队解决**所有的**需求根本是在浪费时间。相反，当团队成员合作打造全部功能中的少量功能时，随着工作的推进和交付少量已完成的功能，他们也在不断学习。

敏捷项目得益于项目团队结构，这种结构能改善团队内部和团队之间的合作。图 4-1 展示了团队成员如何通过合作提高工作效率和促进创造性地解决问题。

表 4-1 成功敏捷团队的属性

属性	目标
专门人员	• 专心致志，提高工作效率 • 少于十人的小型团队
跨职能团队成员	• 频繁开发与交付 • 作为一个独立团队交付完成的价值 • 为完成任务，整合所有工作活动 • 从团队内部和外部（如产品负责人）提供反馈
集中办公或有能力应对办公地点不同带来的任何挑战	• 改善沟通 • 提高团队动力 • 知识共享 • 降低学习成本 • 能够致力于相互合作
由通才和专家组成的混合团队	• 专家提供专门技能，通才提供从事不同工作的灵活性 • 团队具有专业能力，往往成为通才型专家，他们既有专长又有多种技能经验
稳定的工作环境	• 彼此依赖实现交付 • 对工作方法相互认同 • 简化团队成本核算（运转率） • 知识资本的保有和发展

4.3.2 敏捷的角色

敏捷团队中有三种常见的角色：

◆ 跨职能团队成员；

◆ 产品负责人；

◆ 团队促进者。

表 4-2 描述了这些团队角色。

表 4-2敏捷团队角色

角色	描述
跨职能团队成员	跨职能团队包括具有生产可行产品所需的各种必要技能的团队成员。在软件开发中，跨职能团队通常包括设计人员、开发人员、测试人员以及其他所需的角色。跨职能开发团队包括能够以常规节奏交付潜在可发布产品的专业人员。跨职能团队至关重要，原因是他们能够在尽可能短的时间内，交付已完成的、高质量的、无外部依赖关系的任务
产品负责人	产品负责人负责指导产品的开发方向。产品负责人根据商业价值对任务进行排序。产品负责人与团队开展日常合作，提供产品反馈，为将要开发/交付的下一个功能设定方向。这意味着任务不大，往往能一张索引卡就能描述。 产品负责人与相关方、客户及团队合作，定义产品开发方向。通常，产品负责人拥有相关工作背景，会为决策提供丰富的专业知识技能。有时，产品负责人需要请求有关人员提供帮助，如具有丰富的专业领域知识的架构师或具有丰富客户经验的产品经理。产品负责人需要关于如何组织和管理整个团队工作流的培训。 敏捷开发中，产品负责人将为团队创建待办事项列表，或者与团队共同创建。待办事项列表帮助团队了解怎样在不产生浪费的情况下交付最大的价值。 敏捷团队的一个关键成功因素是强烈的产品责任感。如果不重视为客户创造最大价值，敏捷团队就可能创造一些不被理解的功能，或者价值不高的功能，因而会浪费精力
团队促进者	敏捷团队常见的第三个角色通常为团队促进者，也是一种仆人式领导。上述角色也称为项目经理，Scrum 主管、项目团队领导、团队教练或团队促进者。 所有敏捷团队在团队中都需要有仆人式领导。人员需要时间来建立自己的仆人式领导技能，包括引导、指导和消除障碍技能。 起初，在内部培训能力不足时，很多组织会邀请外部敏捷教练提供帮助。 外部教练拥有经验优势，但缺点是，在客户组织中关系薄弱。另一方面，内部教练虽然可能在本组织中拥有强大的人际关系，但他们却可能缺乏足够的经验让自己的工作卓有成效

4.3.3 通才型专家

敏捷团队是跨职能的，但其人员往往不会一开始就做到这样。不过，许多成功的敏捷团队都由通才型专家组成，他们也称为 T 型人才。

这意味着这些团队成员在具备一项擅长的专业化技能的同时，还拥有多种技能的工作经验，而不是单一的专业化。由于密切协作和自我组织，敏捷团队成员才能够敏捷开发并迅速完成工作，而这就需要使互相帮助成为常态。敏捷团队成员都要致力于培养这样的特质。

一个人的能力大小无关紧要。如果给团队其他成员带来瓶颈问题，集中于某一个人的能力甚至是有害的。团队的目的是优化已完成的工作，并获得反馈。

如果客户希望获得好的结果，如快速交付功能并且质量优良，那么团队就不能仅仅为了尽可能有效利用资源而构建专门的角色。团队的目标是提高过程效率，优化整个团队的产能。团队规模小会促进团队的合作。产品负责人的工作是确保团队从事最高价值的工作。

4.3.4 团队结构

许多行业的团队都会采用敏捷原则和实践。他们将人员组织到跨职能团队中，迭代开发工作产品。

案例

编写本实践指南的核心团队拥有不同的背景，他们有些人代表项目管理协会，有些人代表敏捷联盟。他们是自组织团队，以增量方式来完成了这项工作。项目管理协会召集一个主题专家小组来检查工作，这使得团队能够在开发过程中纳入反馈并改进产品。然而，该核心团队并不代表典型的敏捷团队，因为其成员并不是 100% 专职从事这项工作。

有些组织已经能够建立集中办公的跨职能团队；还有组织有不同的情况。有些组织并不是所有团队成员都为集中办公，而是拥有分布式或分散式团队。分布式团队可以在不同地点拥有多个跨职能团队。分散式团队可能会让各团队成员分别在不同的地点工作，或在办公室，或在家里。鉴于通信成本的增加，这些安排并非理想，但它们仍然是可行的。

美国一家大型金融机构有一个项目，设有一组团队，其团队成员分别在美国东海岸和印度的几个地点工作。一开始，团队是一个大型分散式团队（用户体验设计人员、分析师、开发人员和测试人员），他们从事"追逐太阳"[2] 的开发实践，团队成员有些工作时间彼此重叠，以便进行工作交接。团队成员一起召开每日例会，利用网络摄像头让所有团队成员都能参加会议。在美国工作的关键角色（分析师、产品负责人、用户体验设计人员和开发人员）会先开始，回答其印度团队成员的问题，帮助他们消除障碍。

随着产品规模越来越大，投入资金也越来越多，他们决定分成五个小团队。为此，他们决定在不同的地点建立有组织的、分布式团队。他们决定在各个地点建立由开发人员和测试人员组成的、相互协作的跨职能团队。

他们也有一组核心分析师，在美国的两个地点工作。他们与其他在美国工作的产品经理和产品负责人合作，然后再分别与各个团队合作。尽管他们安排了一些结构，将产品评审作为一个完整的项目进行，但是大多数其他活动都是在团队层面进行的，这对于每个团队而言是最有效的，因为他们能够自我组织。

4.3.5 专职小组成员

如果团队成员并非 100% 为团队专职工作，会有什么情况发生？遗憾的是，这种情况虽然并不理想，但有时却无法避免。

让一个人在团队中只投入 25% 或 50% 的能力，这带来的关键问题是，他们会进行多任务处理和任务切换。多任务处理会降低团队工作的产出，并影响团队预测交付能力的一致性。

要点 ▶ 多任务处理减缓了整个团队的进展，因为团队成员要浪费时间切换环境和/或互相等待完成其他工作。当人员 100% 为团队专职工作时，团队最有可能最快地产出。

---

[2]　追逐太阳的开发过程是一种每天结束时将工作移交给下一工作地点（可能相差很多时区）的方法，旨在为加快产品的开发。

任务切换时，人员工作效率的损失在 20% 到 40% 之间。随着任务数量的增加，效率损失会呈指数级增长。

当一个人在两个项目之间进行多任务切换时，他投入到每个项目上的精力并非各占 50%。相反，由于存在任务切换成本，他在每个项目上的投入降低到 20% 到 40%之间。

人们在一心多用的时候更容易犯错误。任务切换消耗工作记忆，人们在多任务处理时不太可能记住相应工作的背景。

当团队中所有的人都被分配到一个项目时，他们能够作为一个团队持续协作，从而使每个人的工作更加有效。

案例

由于编写本实践指南的核心团队成员无法 100% 全力投入团队的工作，他们的产出要比他们分工协作并专职投入项目低得多。然而，从经济角度而言，协作是划算的。但是，即便他们分散工作，并将全部产能的一小部分投入项目，让他们集中并全力协作也是不可行的。因此，团队将分散工作识别为潜在的风险。团队通过使用协作工具来跟踪和监督他们的工作进度，并根据个人的能力来调整工作分配。

关于在敏捷环境中团队工作的更多提示，请参见表 A1-1"项目管理过程组与知识领域"，请特别关注"项目资源管理"知识领域的有关过程。

要点 ▶

不是所有的团队都拥有自身需要的所有角色。例如，有些团队需要获得数据库管理员或研究分析师的支持。当一个团队临时委派专家时，重要的是要确保每个人对此要有相同的期望。这位专家是 100% 专职分配给团队的吗？分配多长时间呢？对每个人（专家和团队）设定期望，阐明团队承诺交付的水平。分配兼职人员会给项目带来风险。

4.3.6 团队工作场所

团队需要一个工作场所，他们可以一起工作，了解他们作为团队的状态，并进行协作。有些敏捷团队的所有成员都集中在一个房间里工作。有些团队拥有一个团队工作场所用于开例会以及张贴各种图表，但团队成员分别在各自的小隔间或办公室里独立工作。

随着各公司迈向开放、协作的工作环境，组织也必须为需要不间断时间来思考和工作的员工创造安静的空间。因此，各公司纷纷设计各自的办公室，以平衡公共和社交区域（有时被称为"公共区"）与个人工作不被打扰的安静区域或私人区域。

拥有在不同地点工作的成员时，团队会决定他们各自的工作场所有多少是虚拟的，多少是实际的。诸如文档共享、视频会议和其他虚拟协作工具等技术可以帮助人员实现远程协作。

在不同地点工作的团队成员需要虚拟的工作空间。另外，要考虑让团队成员定期聚集一堂，以便建立信任，学习怎样开展合作。

分散式团队管理沟通的一些技术包括**鱼缸窗口**和**远程结对**：

◆ 通过在团队分布的各个地点之间建立长期视频会议链接，创建一个鱼缸窗口。每天工作开始时，人们打开链接，工作结束时，关闭链接。通过这种方式，人员可以自然地看到彼此并进行互动，减少了身处不同地点工作所固有的协作滞后问题。

◆ 通过使用虚拟会议工具来共享屏幕，包括语音和视频链接，建立远程结对。只要考虑了时区差异因素，这种方法几乎和面对面的结对一样有效。

> **要点** ▶ 来自不同职能部门、拥有不同技能的人员共同组成团队。培养管理者和领导的敏捷思维模式，在敏捷开发早期就让他们参与其中。

4.3.7 克服组织孤岛

组建敏捷团队的最好开端是构建一个拥有基本信任和安全的工作环境，以此确保所有团队成员都有平等的话语权，他们的意见都能被听到并得到考虑。这一点再加上构建敏捷思维模式，都是潜在的成功因素，在此基础上，所有其他挑战和风险都能够化解。

孤岛组织往往给跨职能敏捷团队的组建带来重重障碍。需要构建跨职能团队的团队成员通常需要向不同的管理人员报告，管理人员会采用不同的标准衡量他们的绩效。管理人员需要关注的不是资源利用效率，而是过程效率（和基于团队的指标）。

为克服组织孤岛问题，就要与团队成员的不同管理者合作，让他们为跨职能团队安排必要的专职人员。这样不仅能建立团队协同，而且能让组织看到怎样用人才能优化正在进行中的项目和产品。

有关团队的更多信息，请参见附录 X2"影响裁剪的属性"。

> **要点** ▶ 作为敏捷项目领导，首先要把重点放在如何组建跨职能团队，让所有团队成员 100% 投入团队工作。即使这只是意味着关键团队成员（如开发人员和测试人员）每天一起工作和交流，但也是迈向正确敏捷方向的一步。

5

实施敏捷：
在敏捷环境中交付

5.1 项目章程和团队章程

每个项目都需要一个项目章程，这样项目团队就能了解项目之所以重要的原因、团队的前进方向以及项目的目标。不过，对于团队而言，仅有项目章程还不够。敏捷团队需要有团队规范以及对一起工作方式的理解。这种情况下，团队可能需要一个团队章程。

制定章程的过程能帮助团队学习如何一起工作，怎样围绕项目协作。

对于敏捷项目而言，团队至少还需要项目愿景或目标，以及一组清晰的工作协议。敏捷项目章程要回答以下问题：

◆ 我们为什么要做这个项目？这是项目愿景。

◆ 谁会从中受益？如何受益？这可能是项目愿景和/或项目目标的一部分。

◆ 对此项目而言，达到哪些条件才意味着项目完成？这些是项目的发布标准。

◆ 我们将怎样合作？这说明预期的工作流。

仆人式领导可以促进章程的制定过程。团队可以通过一起工作实现协作，而制定项目章程是一种很好的开始工作的方式。此外，团队成员可能希望通过协作了解他们将如何一起工作。

只要团队知道如何一起工作，制定章程就不需要一个正式的过程。有些团队可以从团队制定章程的过程中受益。下面是对团队成员制定章程的一些建议，可以将其作为制定团队社会契约的基础：

◆ 团队价值观，例如可持续的开发速度和核心工作时间。

◆ 工作协议，例如"就绪"如何定义，这是团队可以接受工作的前提；"完成"如何定义，这样团队才能一致地判断完整性；考虑时间盒；使用工作过程限制。

◆ 基本规则，例如有关一个人在会议上发言的规定。

◆ 团队规范，例如团队如何对待会议时间。

仆人式领导可以与团队一起决定处理其他行为。

请记住，团队的社会契约，即团队章程，将规定团队成员之间彼此互动的方式。团队章程的目标是创建一个敏捷的环境，在这个环境中，团队成员可以发挥他们作为团队的最大能力。

5.2 常见敏捷实践

5.2.1～5.2.8 节描述了一些最常见的敏捷项目实践。

5.2.1 回顾

回顾是最重要的一个实践，原因是它能让团队学习、改进和调整其过程。

回顾可以帮助团队从之前的产品开发工作及其过程中学习。《敏捷宣言》背后的原则之一是："团队要定期反省如何能够做到更加有效，并相应地调整团队的行为。"

许多团队使用迭代，尤其是为期两周的迭代，因为迭代在最后会提示进行演示和回顾。不过，团队回顾并不需要迭代。团队成员可以决定在这些关键时刻进行回顾：

◆ 当团队完成一个发布或者加入一些功能时。这不一定是一个巨大的增量。它可以是任何发布，无论它有多小。

◆ 自上次回顾以来，又过了几周时间。

◆ 当团队出现问题时，以及团队协作完成工作不顺畅时。

◆ 当团队达到任何其他里程碑时。

团队可以通过分配足够的时间学习受益，无论是在项目中间回顾，还是在项目结束时回顾。团队需要了解他们的工作产品和工作过程。例如，有些团队在完成工作时遇到困难。团队可以计划用充足的时间组织回顾，以此收集数据、处理数据，再决定之后要尝试的实验做法。

首要的是，回顾并不是责备；回顾是让团队从以前的工作中学习并做出小的改进。

回顾针对定性的（人的感觉）和定量的（衡量指标）数据，然后利用这些数据找到根源，设计对策，并制订行动计划。项目团队可以采取许多行动事项来消除障碍。

考虑限制行动事项的数量，使团队在即将进行的迭代或工作期间有能力改进。尝试一次改进太多的事情却没有完成其中任何一件，比计划完成较少的事情并成功全部完成要糟糕得多。然后，在时间允许的情况下，团队可以进行列表中的下一个改进。团队选择改进时，要决定如何衡量结果。然后，在下一段时间内要衡量结果，以验证每个改进成功与否。

来自团队的一位促进者引导团队通过一个活动对所有改进事项的重要性进行排序。完成对改进事项的排序后，团队为下一次迭代选择合适的数量（或者在流程基础上增加工作）。

5.2.2 待办事项列表编制

待办事项列表是所有工作的有序列表，它以故事形式呈现给团队。工作开始之前，不需要为整个项目创建所有的故事，只需要了解第一个发布的主要内容正确即可，然后就可以为下一个迭代开发足够的项目。

产品负责人（或产品负责人价值团队，包括产品经理和产品领域的所有相关产品负责人）可能会制作一个产品路线图，以显示预期的可交付成果序列。产品负责人根据团队的实际成果重新规划路线图。（关于路线图的示例请参见附录 X3"敏捷适用性筛选工具"。）

5.2.3 待办事项列表的细化

在基于迭代的敏捷中，产品负责人往往在迭代中期的一次或多次会议中与团队合作，为即将进行的迭代准备一些故事。这些会议的目的是细化足够的故事，让团队了解故事的内容，以及故事之间的相互关系。

至于细化过程应该有多长时间，还没有达成共识。有一个连续区间：

◆ 基于流程的敏捷的即时细化。团队将下一张卡片从待办事项列表中拿出来讨论。

◆ 许多基于迭代的敏捷团队在两周的迭代中用 1 小时的时间盒讨论。（团队选择一个迭代持续时间，为他们提供足够频繁的反馈。）

◆ 基于迭代的敏捷团队的多次细化讨论。团队可以在陌生的产品、产品领域或问题领域使用这一技巧。

要 **点**	考虑使用影响地图查看产品如何组合在一起。正常情况下，由产品负责人领导这项工作。作为向项目提供服务的一种方式，仆人式领导可以主持召开任何必要的会议。

细化会议上，产品负责人可以向团队介绍故事的创意，让团队了解故事中潜在的挑战或问题。如果产品负责人不确定依赖关系，还可以请求团队对相应功能进行刺探，以了解风险。

产品负责人有很多方法处理待办事项列表的细化准备与会议，其中包括：

◆ 鼓励团队在开发人员、测试人员、业务分析人员和产品负责人三方面开展合作，一起讨论和撰写故事。

◆ 把整个故事的概念呈现给团队。团队进行讨论，并根据需要将其细化为许多故事。

◆ 与团队一起寻找各种方法探索和撰写故事，确保所有的故事都足够小，以便团队能源源不断地交付完成的工作。考虑每天至少完成一个故事。

团队通常有一个目标，就是每周用不超过 1 小时的时间来为下一批工作细化故事。团队希望把时间尽可能花在工作上，而不是计划上。如果团队需要每周花 1 小时以上的时间来细化故事，那么，产品负责人可能会过度准备，或者团队可能缺乏评估和细化工作所需的一些关键技能。

5.2.4 每日站会

团队成员利用每日站会对彼此做出小的承诺，发现问题，并确保团队工作顺利进行。

为每日站会规定时间盒，不超出 15 分钟。团队以某种方式"过一下"看板或任务板，而团队中的任何人都可以主持站会。

在基于迭代的敏捷中，每个人都轮流回答下列问题：

◆ 上次站会以来我都完成了什么？

◆ 从现在到下一次站会，我计划完成什么？

◆ 我的障碍（或风险或问题）是什么？

从这样的问题得出的答案能够让团队自我组织，并让团队成员为完成之前和整个迭代中承诺完成的工作承担彼此的责任。

基于流程的敏捷有一种不同的方法，可以将注意力集中在团队的产出上。团队从右到左对看板进行评估。问题包括：

◆ 我们还需要做些什么来推进这一工作？

◆ 有人在做看板上所没有的事情吗？

◆ 作为一个团队，我们需要完成什么？

◆ 工作流程是否存在瓶颈或阻碍？

站会中常见的一个反模式是，站会变成了状态报告会议。传统上在预测环境中工作的团队可能倾向于采用这种反模式，因为他们习惯于报告状态。

另一个典型的反模式是，当问题变得明显时，团队才开始解决问题。站会是为了发现存在问题，而不是解决它们。将问题添加到停车场区，然后创建另一次会议，它可以在站会之后立即召开，并在会上解决问题。

团队可以举办自己的站会。只要体现了团队工作需要的密切合作，进行顺利，站会便会非常有用。要针对团队何时需要站会、站会是否有效等问题有意识地做出决定。

**要
点** 　　要鼓励任何团队成员主持会议而不是由项目经理或领导主持，以确保它不会变成状态报告会议，而是作为团队进行自我组织和相互承诺的会议。

5.2.5 展示/评审

当团队以用户故事的形式完成特定功能时，团队会定期展示工作产品。看过展示后，产品负责人接受或拒绝故事。

在基于迭代的敏捷中，团队在迭代结束时展示所有已完成的工作项。在基于流程的敏捷中，团队在需要时展示完成的工作，通常是当完成的功能累积到足以构成一个连贯组合时。团队，包括产品负责人在内，都需要反馈来决定何时需要产品反馈。

一般的指导方针是，每两周至少展示一次团队的工作产品。这种频率对于大多数团队来说是足够的，这样，团队成员就可以得到反馈，防止他们朝着错误的方向前进。这种频率也足够频繁，让团队可以保持产品开发足够清晰，按照自己希望或需要的频率构建一个完整的产品。

使项目敏捷的一个基本要素是频繁地交付工作产品。一个没有展示或发布的团队，其学习的速度不会快，并且很可能并未采用敏捷技术。团队可能需要额外的引导来保证频繁的交付。

5.2.6 规划基于迭代的敏捷

不同团队的能力各不相同。不同产品负责人的典型故事大小也各不相同。团队应考虑自身故事大小，避免提交更多的故事，而超出团队在一个迭代中所能完成工作的能力。

产品负责人了解，当人员不可用时（例如，公共假期、度假期间或阻止人员参加下一组工作的任何事情），团队能力降低。团队将无法完成与前一时期相同的工作量。在能力降低的情况下，团队只会计划相应能力能够完成的工作。

团队估算能够完成的工作，这也是一种能力的衡量（示例参见 4.10 节）。团队不能 100% 确定自己能交付什么，因为他们无法知道意外情况。当产品负责人拆分故事使其变小时，团队看到的是产品的完成进度，团队就会知道他们将来能够做什么。

敏捷团队在一个工作块中不会只计划一次。相反，敏捷团队会开始计划一点，交付、学习，然后在一个持续的循环中重新规划更多的东西。

| 要点 | 将团队的注意力吸引到反模式，并帮助团队发现如何改进站会。 |

5.2.7 帮助团队交付价值的执行实践

如果团队不重视质量，很快就会无法快速发布任何东西。

下面的技术实践中，很多都来自于极限编程，它们可以帮助团队以最快的速度交付：

◆ **持续集成**。无论产品如何，都要频繁地将工作集成到整体中，然后再进行重新测试，以确定整个产品仍然按照预期工作。

◆ **在不同层面测试**。对端到端信息使用系统级测试，对构建块使用单元测试。在两者之间，了解是否需要进行集成测试，以及在何处进行测试。团队发现冒烟测试有助于测试工作产品是否良好。团队发现，决定何时以及对哪些产品运行回归测试，可以帮助他们在维护产品质量的同时，良好地构建性能。敏捷团队非常偏爱自动化测试，因此他们可以借此构建和保持交付的势头。

◆ **验收测试驱动开发 (ATDD)**。在 ATDD 中，整个团队聚集一堂讨论工作产品的验收标准。然后，团队创建测试，这让团队能够编写足够的代码，进行自动化测试，满足标准要求。对于非软件项目，要考虑怎样在团队完成大量价值时对工作进行测试。

◆ **测试驱动开发 (TDD) 和行为驱动开发 (BDD)**。在编写/创建产品之前编写自动化测试，实际上可以帮助人员设计产品，防范产品错误。对于非软件项目，要考虑如何通过"测试驱动"团队的设计。硬件和机械类项目经常使用模拟进行设计的中间测试。

◆ **刺探（时间盒研究或实验）**。刺探对学习很有用，可以在诸如评估、验收标准定义以及通过产品了解用户行为的流程中使用。在团队需要学习一些关键技术或功能要素时，刺探会很有帮助。

5.2.8 迭代和增量如何帮助交付工作产品

迭代可以帮助团队为交付和多种反馈创建一个节奏。团队会为交付和反馈创建增量。交付的第一部分是一次演示。团队会收到关于产品的外观和运行方式的反馈。团队成员回顾如何检查和调整有关过程以取得成功。

演示或评审是敏捷项目流程的必要组成部分。为团队的交付节奏安排适当的演示。

5.3 解决敏捷项目的挑战

出于解决具有高变化率、不确定性和复杂性的项目相关问题的需要，敏捷方法应运而生。由于这些原因，敏捷方法包含了各种各样的工具和技术，用于处理预测法中出现的问题。参见表5-1。

要点 ▶ 团队应该经常为反馈进行演示，并展示进度。鼓励 PMO 和其他感兴趣的人观看演示，以便决定项目组合的人能够看到实际的进展。

表 5-1敏捷的痛点和解决痛点的可能性

痛点	解决痛点的可能性
团队目标或任务不明确	敏捷章程中关于目标的部分——愿景、使命和使命测试
团队工作协议不明确	敏捷章程中关于一致性的部分——价值观、原则和工作协议
团队环境不明确	敏捷章程中关于环境的部分——边界、承诺资产和前瞻性分析
需求不明确	帮助发起人和相关方制定产品愿景。考虑使用实例化需求、用户故事地图和影响地图来构建产品路线图。让团队和产品负责人一起来明确需求的期望和价值。逐步将路线图分解为具有更少具体需求的待办事项列表
用户体验不佳	开发团队的用户体验设计实践应在早期就让用户经常参与。
估算不准确	通过分解故事来让故事变小。让整个团队使用相对估算进行估算。考虑通过敏捷建模或刺探来理解故事
工作分配或工作进展不明确	帮助团队认识到要自我管理工作。考虑用看板面板查看工作流程。考虑利用每日站会，根据看板查看工作进展
团队面临障碍	仆人式领导能帮助消除这些障碍。如果团队不知道他们都有哪些可选方案，就要考虑聘请教练。有时，团队或仆人式领导无法消除障碍，团队就需要上报故事
由于产品待办事项列表不够完善，导致工作延误/超时	产品负责人和团队一起研讨故事。为故事创建一个准备就绪的定义。考虑分拆故事以使用更小的故事
缺陷	考虑对特定环境有效的技术实践。它们可能是：结对工作、产品集体负责制、普适测试（测试驱动方法和自动化测试方法）以及稳健的完成的定义
工作未完成	团队确定故事完成的定义，包括验收标准在内。另外，还要为项目补充发布标准
技术债务（代码质量降级）	重构、敏捷建模、普适测试、自动化代码质量分析、完成的定义

表 5-1敏捷的痛点和解决痛点的可能性（续）

痛点	解决痛点的可能性
产品复杂性过高	无论是软件项目还是非软件项目，都要常常鼓励团队思考："最简单的有效方法是什么？"，并应用"简洁，即尽最大可能减少不必要的工作，这是一门艺术"的敏捷原则。这样做将有助于降低复杂性
团队合作过程进展缓慢或没有改善	在每次回顾中，选择的改进项目不要超过三个。让仆人式领导帮助团队学习怎样整合这些待改进项
前期工作过多导致返工	不要做过多的前期工作，而要考虑让团队通过刺探来学习。另外， 在项目开始时衡量在制品 (WIP)，看看哪些部分团队并不需要设计，只需要交付价值。缩短迭代，并创建一个稳健的完成的定义
错误的开始，前功尽弃	让产品负责人成为团队不可分割的一分子
产品待办事项列表杂乱无序	按价值排序，并考虑延迟成本按持续时间 (CD3) 和其他价值模型划分
仓促/等待，不均匀的工作流程	计划要对应团队的能力，而不是超出能力所及。要求人员停止多任务，为一个团队专注工作。请团队利用结对、群集或群体开发等方法，平衡整个团队的能力
相关方要求无法满足	仆人式领导与这个相关方（可能是产品负责人）一起工作
意想不到或不可预见的延误	让团队更频繁地检查，使用看板面板检查工作流和在制品限制，了解需求对团队或产品的影响。也可以在障碍板上跟踪障碍和障碍消除情况
孤立的团队，而不是跨职能团队	让项目人员作为跨职能团队自我组织。使用仆人式领导技巧帮助管理人员理解为什么敏捷需要跨职能团队

5.4 敏捷项目的衡量指标

过渡到敏捷意味着要使用不同的衡量指标。使用敏捷意味着要审视对团队和管理层都很重要的新指标。这些衡量指标很重要，因为它们关注的是客户价值。

状态报告的一个问题是，团队预测完成或使用交通灯状态来描述项目的能力。例如，项目领导将项目描述为"90%完成"。此时，团队正试图将一个个片段集成到一个产品中。团队发现，有缺少的需求或者意外出现，或是产品没有按照他们的想法集成。

项目只是完成了一半，而交通灯状态报告并未反映项目真实的状态。项目团队往往认识到，他们还需要同样长的时间才能完成项目的剩余部分。太多的项目存在这种情况：由于发现了问题，团队才认识到，自己最多只完成了 10% 的工作。

预测型衡量指标的问题在于，它们往往并不反映真实的情况。往往直到发布日期前 1 个月，项目状态绿灯一直是亮的；这种项目有时被称为西瓜项目（外面绿，里面红）。项目状态灯经常会变成红色，似乎没有任何警告，因为直到发布日期前 1 个月，才会得到关于项目的经验数据。

敏捷项目的衡量指标包含有意义的信息，这些信息提供了历史记录，因为敏捷项目要定期交付价值（完成的工作）。项目团队可以利用这些数据改进预测和决策。

替代衡量指标（如完成百分比）不如经验指标（如已完成功能）更有用。有关价值管理的更多信息，请参见 4.10 节。敏捷帮助团队发现问题和难题，以便团队能够诊断和解决问题。

除了定量指标之外，团队还可以考虑收集定性衡量指标。其中一些定性衡量指标侧重于团队选择的实践，评估团队使用这些实践的情况，例如，对交付功能的业务满意度、团队的士气、团队希望跟踪的任何东西等都是定性衡量指标。

5.4.1 敏捷团队的衡量结果

敏捷倾向于使用基于经验和价值的衡量指标，而不是预测型衡量指标。敏捷衡量团队所交付的成果，而不是团队预测将交付的成果。

对于一个习惯于掌握项目基准、估算的挣值和投资回报率(ROI) 的团队，可能会对实施一个项目而不是管理一个基准感到茫然。敏捷是基于对客户有可见价值的工作产品。

基准通常是尝试预测的产物。在敏捷中，团队的估算最多限于未来几周时间。在敏捷中，如果团队工作的可变性不高，如果团队成员没有从事多任务，则团队的能力就会变得稳定。这样才能对未来几周做出更好的预测。

完成迭代或流程中的工作后，团队就可以进行重新规划。敏捷并不能创造出更多的工作能力。然而，有证据表明，工作量越少，人员就越有可能交付。

与其他知识型工作一样，软件产品开发关乎在交付价值的同时进行学习。在项目的设计部分，硬件开发和机械开发是相似的。学习的过程是通过实验来实现的，它能交付微小的价值增量，并获得对目前已完成工作的反馈。其他许多产品的开发项目也包括学习。

项目发起人通常想知道项目什么时候能够完成。一旦团队建立了稳定的速度（每个迭代的故事或故事点的平均数量）或平均周期时间，团队就能够预测项目将花费多长时间。

举例来说，如果团队平均每个迭代有 50 个故事点，而团队估算还剩下大约 500 个点，于是，团队估算，还剩下大约 10 个迭代。随着产品负责人对剩余的故事进行细化，团队对估算进行细化，项目估算虽然可能有升有降，但团队却能提供一个估算。

如果团队平均完成每个故事的周期为三天，还有 30 个故事要完成，那么团队将需要 90 个剩余工作日，大约 4 到 5 个月。

用飓风图反映估算的可变性，也可使用发起人能够理解的其他一些可变性衡量方法。

由于学习是项目的重要组成部分，因而，团队需要在平衡不确定性的同时为客户提供价值。团队要规划项目要完成的下一个小部分。团队报告经验数据，并重新规划其他小的增量，以此管理项目的不确定性。

某些基于迭代的项目使用燃尽图查看项目随时间的进展情况。图 5-1 显示了一个燃尽图的例子，其中，团队计划交付 37 个故事点。故事点对需求或故事的相关工作、风险和复杂性进行评估。许多敏捷团队使用故事点估算工作量。燃尽图中的虚线表示计划。图 5-1 中，团队可以看到，在第 3 天他们面临交付的风险。

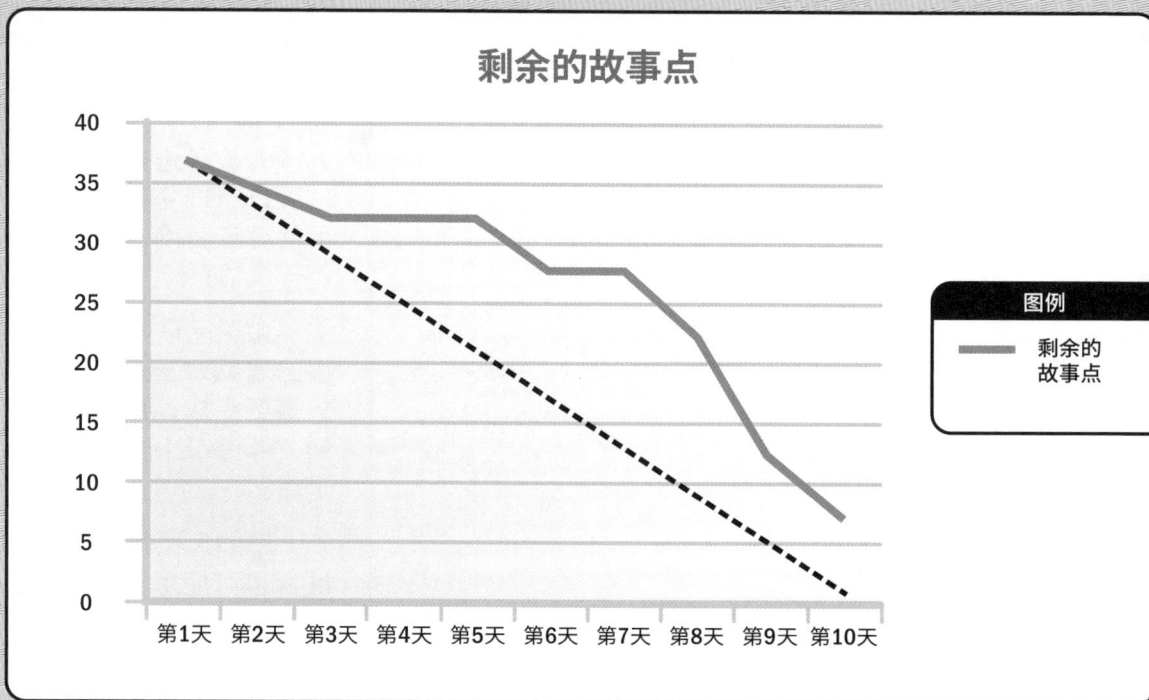

图 5-1 剩余故事点的燃尽图

某些项目团队更喜欢用燃起图。如图 5-2 所示的燃起图中的数据与图 5-1 相同。

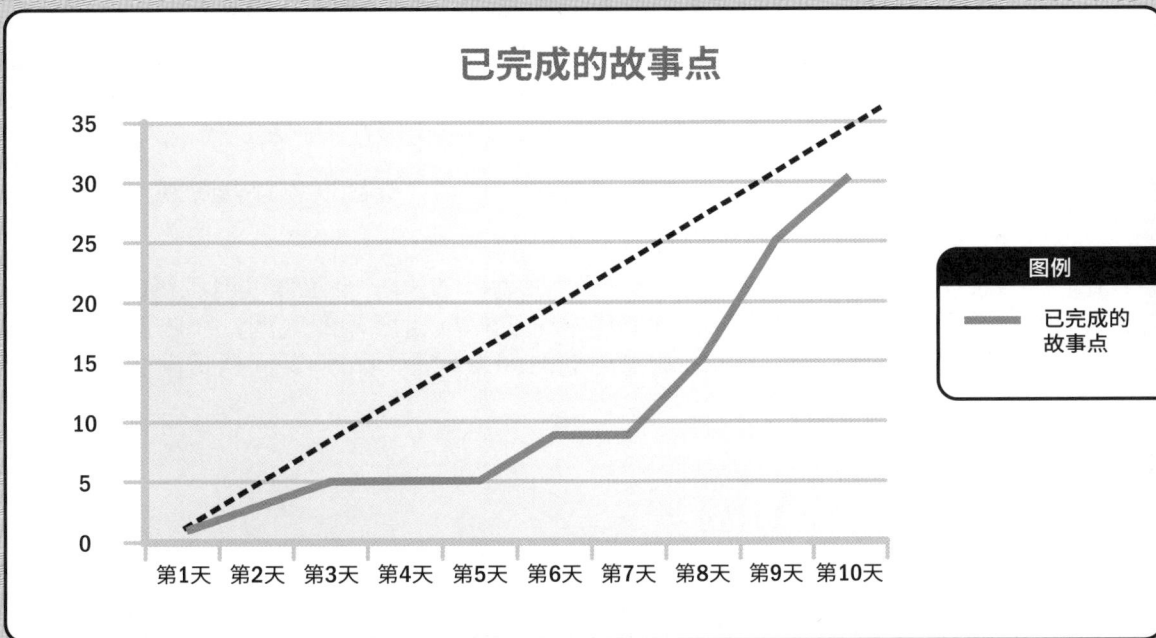

图 5-2 显示已完成故事点的燃起图

燃起图显示已完成的工作。图 5-1 和图 5-2 都是基于相同的数据，但分别以两种不同的方式显示。团队可以选择如何查看他们的数据。

看到在迭代中尚未完成的工作时，团队可能会变得沮丧，并且可能因为急于完成工作，而不满足验收标准。不过，团队可能有很多理由不按预期完成工作。燃尽图显示了团队成员的多任务处理、过于庞大的故事或团队成员缺勤的效果。

特别是对新建的敏捷团队，燃起图将显示迭代过程中范围内的变化。利用燃起图，团队能查看他们已经完成的工作，这将有助于团队进行下一项工作。

　　无论使用燃尽图还是燃起图，团队都能看到在迭代过程中完成的工作。在迭代结束时，他们可能会根据自己在这个迭代中完成工作的能力（多少故事或故事点）来建立他们下一个迭代的能力衡量指标。这样，产品负责人与团队一起重新规划，团队就更有可能在下一次迭代中成功交付。

　　速度，即本次迭代中实际完成功能的故事点大小的总和，让团队得以通过观察历史表现来更准确地规划下阶段的能力。

　　基于流程的敏捷团队使用不同的衡量指标：交付周期（交付一个工作项目花费的总时间，从项目添加到看板直至项目完成）、周期时间（处理一个工作项目所需的时间）和响应时间（一个工作项目等待工作开始的时间）。团队通过衡量周期时间发现瓶颈和延迟问题，问题不仅限于团队内部。

　　看板面板示例如图5-3所示。

要点 ▶ 　　团队可能会发现，可能需要四到八次迭代才能达到稳定的速度。团队需要从每个迭代中获得反馈，了解他们的工作情况以及该如何改进。

看板面板

就绪 | 开发和单元测试 | 开发—完成 | 系统测试 | 完成

8

3

2

周期时间：从开始任务到完成任务的时间。

交付给客户

交付周期：从写在看板上直至交付的时间。由于就绪一列中各项的顺序可以变更，因而这是不可预测的。

此列有限制。可以随时将一些内容换成其他内容。

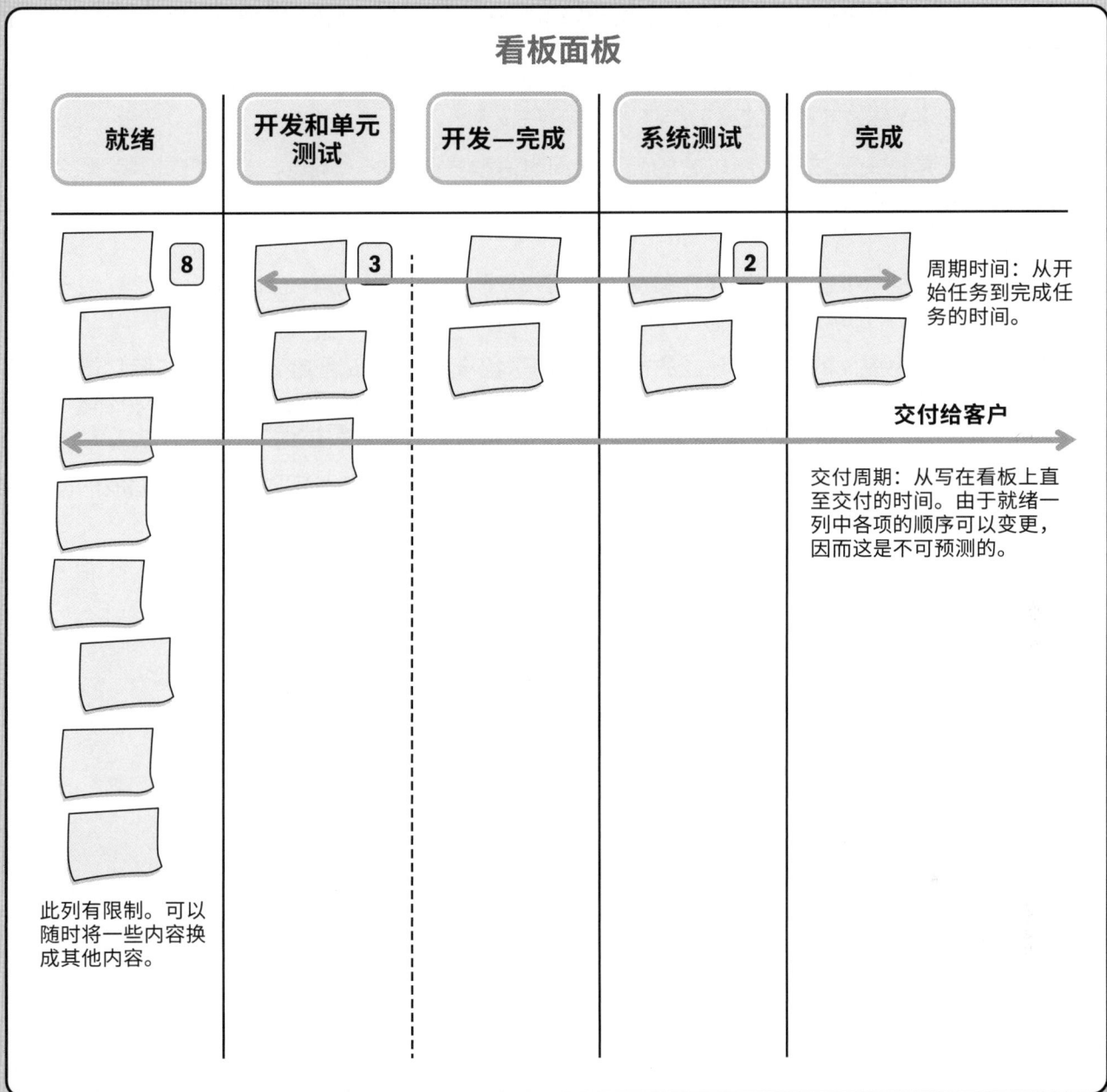

图 5-3看板面板示例

交付周期有助于理解从第一次查看特定功能到向客户发布该功能所需的周期时间。在制品(WIP) 限制位于各列顶部（此处在框中显示），让团队了解如何从看板上提取工作。达到 WIP 限制后，团队就不能将工作从左边提取到下一列。此时，团队就要从最右边的列中提取工作，并提出问题："作为一个团队，我们应该怎样做才能将这项工作移到下一列中？"

每个功能都是独一无二的，所以它的周期时间也是独一无二的。不过，产品负责人可能会注意到，较小的功能周期时间也较短。产品负责人希望看到产出，因此产品负责人创建较小的功能，或者与团队合作创建。

燃起图、燃尽图（能力衡量指标）和交付周期，以及周期时间（可预测的衡量指标）对于实时测量非常有用。它们可帮助团队了解他们共有多少工作，以及团队是否能按时完成工作。

故事点衡量与已完成的故事或功能的衡量有所不同。有些团队试图在没有完成实际功能或故事的情况下衡量故事点。团队仅衡量故事点时，衡量的是能力，而不是已完成的工作，这违背了"可用的软件（或者，如果不是软件，则是其他的产品）是衡量进度的主要指标"的原则。

每个团队都有自己的能力。在使用故事点时，团队要认识到，在给定时间内能够完成的故事点数量对一个团队而言是唯一的。

要点 ▶ 当团队依赖于外部人员或团队时，衡量周期时间可了解团队完成工作所需的时间。团队完成工作之后，衡量交付周期可了解外部依赖关系。团队还可以测量反应时间，从准备就绪到第一列的时间，了解平均需要多长时间才能对新请求做出响应。

根据自身的指标单位进行衡量，团队就能更好地评估和估算自己的工作，并最终交付。相对估算的缺点是，无法比较各个团队或者在团队之间增加速度。

团队可以在一个功能燃起图/燃尽图和一个产品待办事项列表中衡量已完成的工作。这些图表提供了随时间变化的完成趋势，如图 5-4 所示。

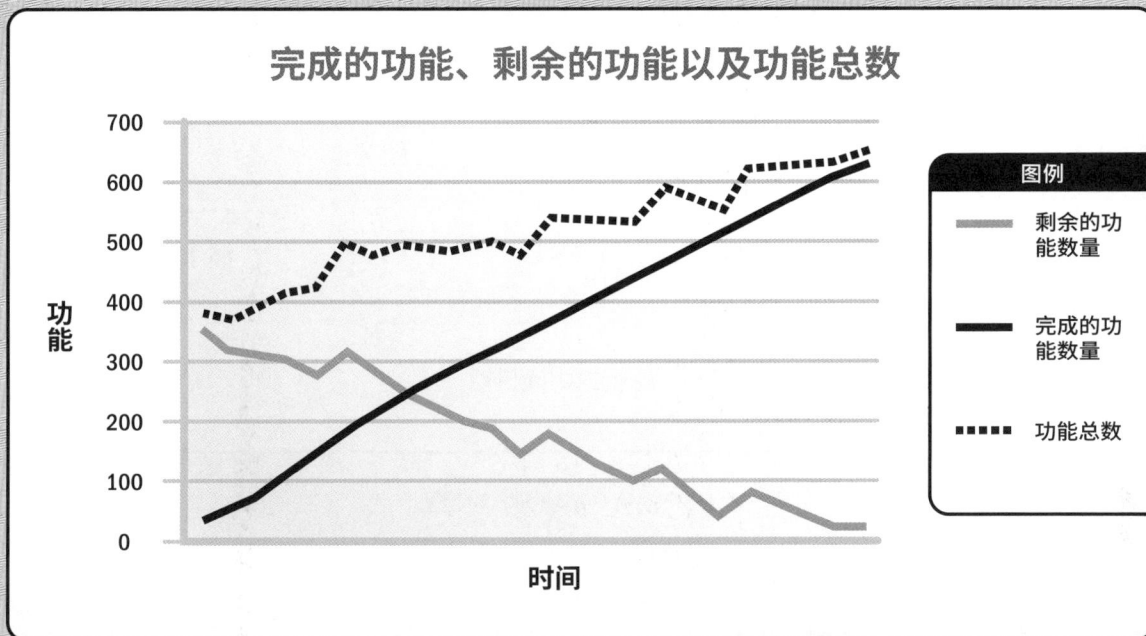

图 5-4功能图

功能燃起图/燃尽图可显示项目期间需求的发展。完成的功能数量线显示团队以正常速度完成功能。功能总数线显示了项目的总功能随时间的变化。剩余的功能数量线显示功能完成速度的变化。每次在项目中添加功能时，燃尽线都会有改变。

在敏捷中的挣值是基于已完成的功能，如图 5-5 所示。产品待办事项列表燃起图显示已完成的工作与区间里程碑或迭代中的预期工作总量的比较。

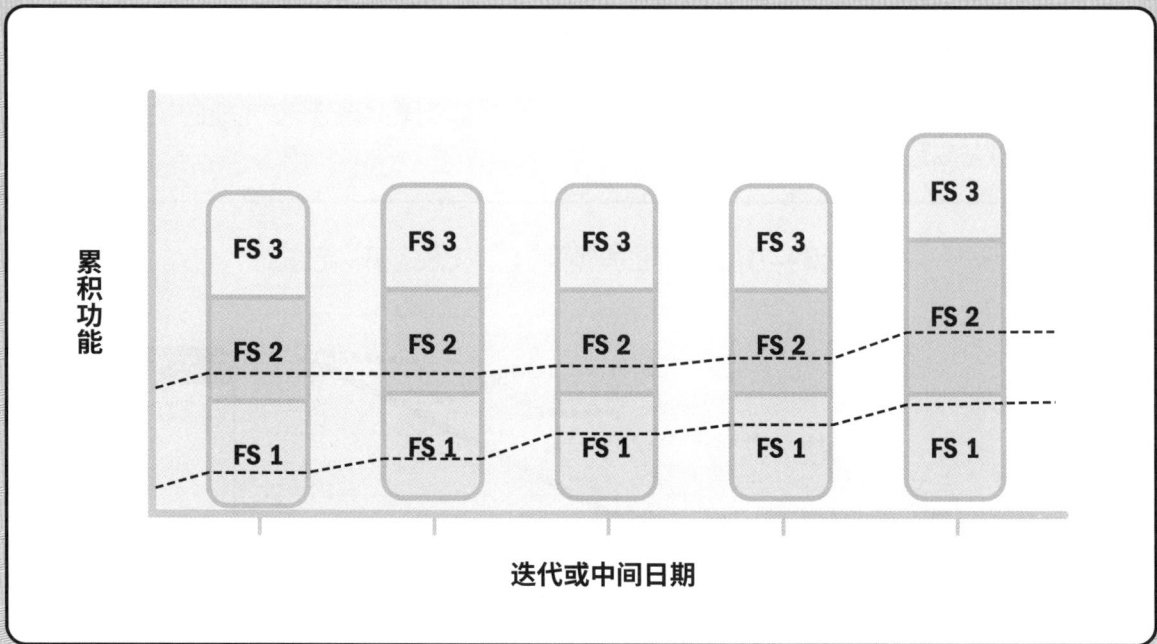

图 5-5 产品待办事项列表燃起图

一个团队一次只能完成一个故事。为了完成一个包含多个故事的大功能，团队会有待完成的剩余故事，并且除非拥有更多的时间，否则可能无法完成整个功能。团队可以用一个产品待办事项列表燃起图来显示已完成的价值，如图 5-5 所示。

如果一个团队需要衡量挣值，可以考虑使用燃起图，以图 5-6 为例：请注意，左边 Y 轴代表了故事点的范围，右边 Y 轴代表项目的支出。

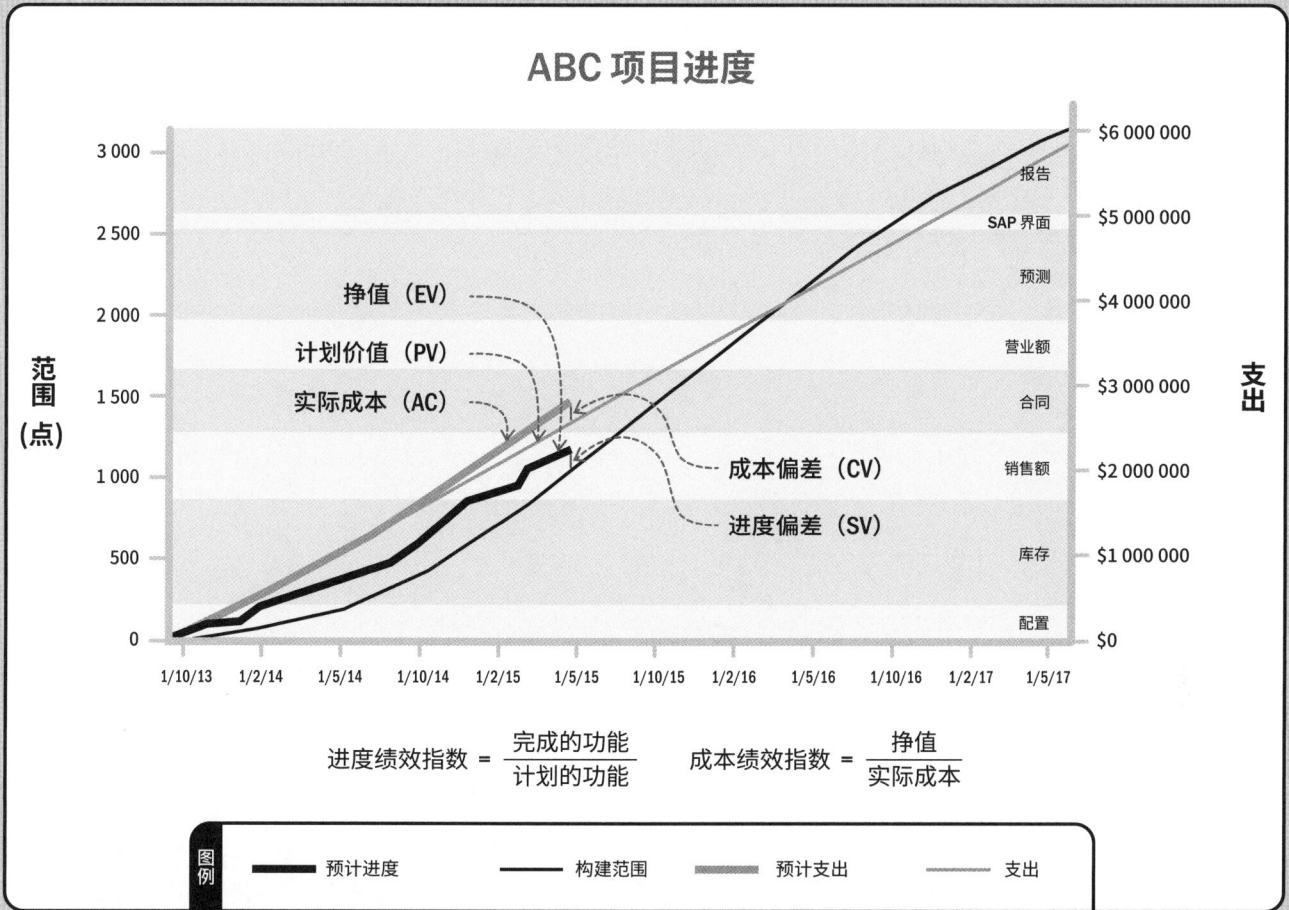

图 5-6 敏捷背景下的挣值

　　传统的挣值管理 (EVM) 衡量指标，如进度绩效指数 (SPI) 和成本绩效指数 (CPI) 可以很容易地转换为敏捷术语。例如，如果团队计划在一次迭代中完成 30 个故事点，但是只完成了 25 个，那么 SPI 是 25/30 或者 0.83（该团队的工作速度只有计划的 83%）。同样，CPI 是迄今为止的劳动价值（已完成的功能值）除以实际的成本，如图 5-6 所示，$2.2M / $2.8M = 0.79。这意味着，与计划相比，仅能得到 79 美分的结果（当然，这假定了预测仍然正确）。

图 5-7 中所示的累积流图显示了看板上进行中的工作。如果一个团队有许多等待测试的故事，测试团队将会扩大。累积工作可一目了然。

团队在处理累积工作方面有困难：团队有进行中的工作，而不是已完成工作。如果团队有大量进行中的工作，就会延迟整体功能的交付。团队交付的时间越长，在相同时间内有更多功能，团队的压力就越大。

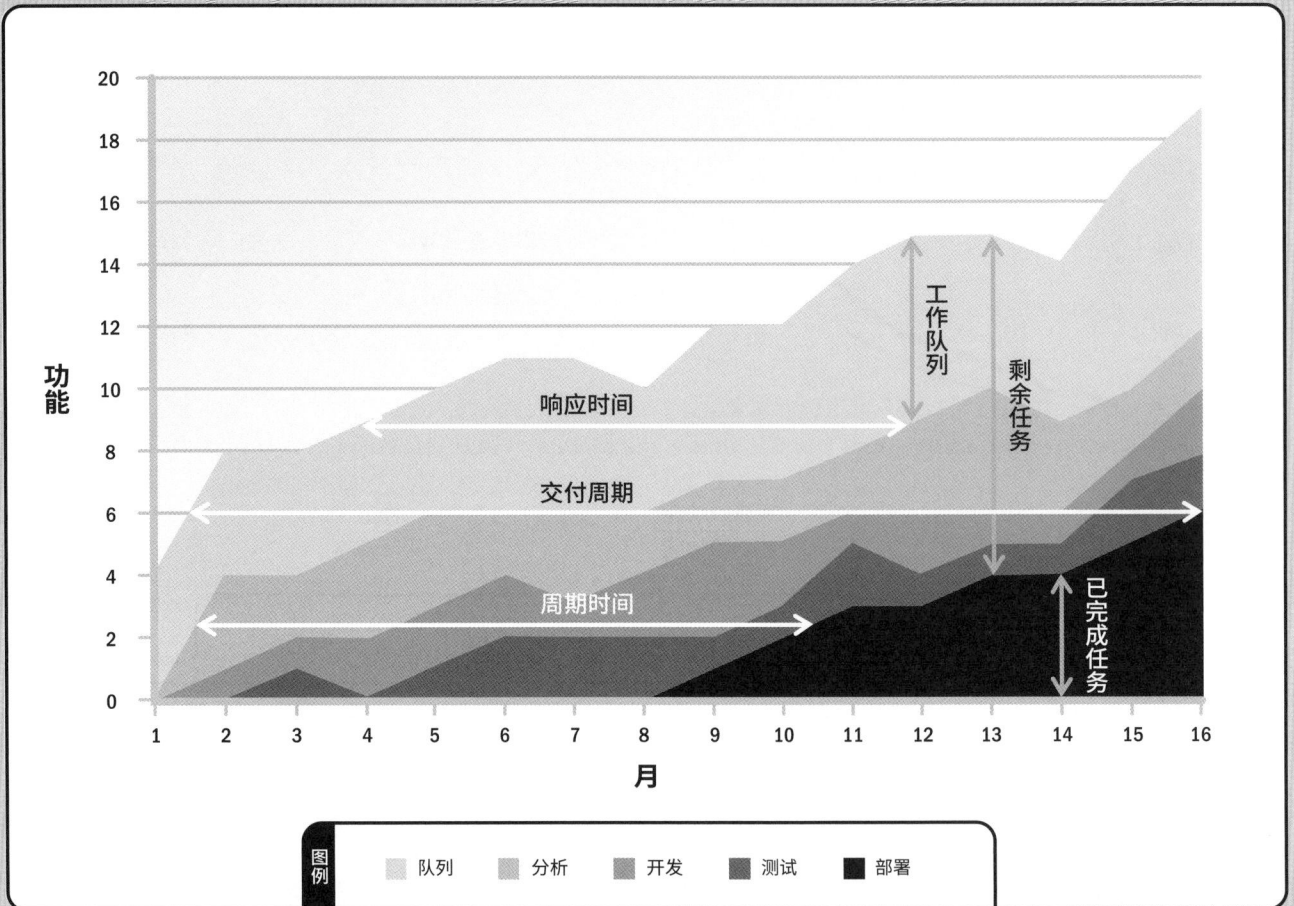

图 5-7 已完成功能的累积流图

将此累积流调整到项目任务板。

6

———

关于项目敏捷性的组织考虑因素

每个项目都存在于组织环境下。文化、结构和政策可能会影响到所有项目的方向和成果。这些动态变化可能会对项目领导提出挑战。

项目领导可能无法根据自己的意愿来改变组织动态变化，但可以有技巧地引导这些动态变化。

本章探讨了组织以及（在某些情况下）项目环境影响项目的方式。领导可以通过探讨变革方案来提高项目成功率。

> 如果组织能够做出相应调整，则可以提高项目敏捷性的效率和适应性。

6.1 组织变革管理

组织变革管理一节涵盖了会影响敏捷应用情况的技能和技术。

PMI 出版物《组织变革管理实践指南》[2] 介绍了成功引入有意义变革的全面整体性方法。该指南提供的建议包括：

◆ 说明变革动态变化的模型；

◆ 实现变革的框架；

◆ 项目、项目集和项目组合层面的变革管理实践的应用。

6.1.1、6.1.2节探讨了特定敏捷环境中变革管理的考虑事项。

图 6-1 显示了这两个主题之间的关系。

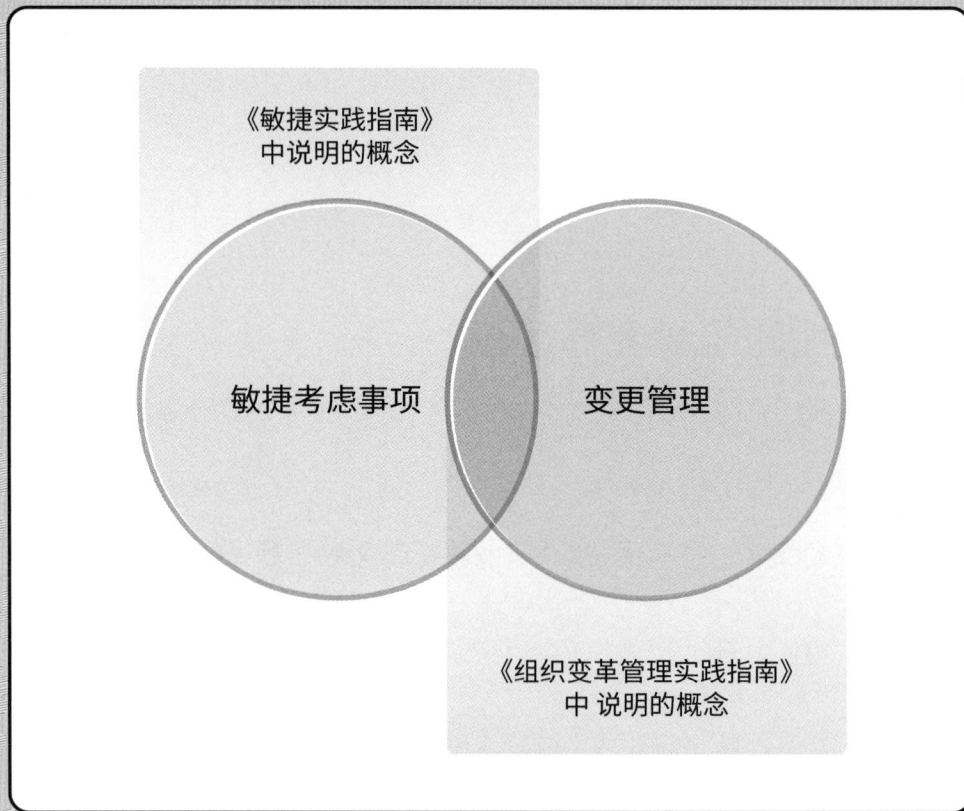

图6-1变革管理和敏捷方法之间的关系

6.1.1 变革管理驱动因素

所有项目都涉及到变革。但是，有两种主要因素会进一步激励敏捷环境中变革管理实践的应用：

◆ **与加速交付相关的变革。**敏捷方法强调频繁并尽早交付项目输出。但是，接收组织可能尚未做好加速纳入这些输出的充分准备。加速交付将会考验组织适应该交付的能力。成功发现和交付项目功能是不够的。如果组织抗拒项目输出，则会延迟目标投资回报。客户接受并支持项目输出在敏捷环境中日益盛行。

◆ **与敏捷方法相关的变革。**组织在刚开始采用敏捷方法时也会经历更高程度的变革。高级别协作可能需要团队、部门或供应商之间更频繁地交流。将工作分解到迭代原型时会涉及到不利的返工。领导应考虑利用变革管理技术来解决过渡到敏捷方法时所遇到的阻碍。

6.1.2 变革就绪情况

组织在开始采用敏捷方法时应了解这些方法与其当前方法之间的相对兼容性。某些组织的特征可能更容易支持跨部门协作、持续学习和内部过程演变等敏捷原则。这些变革友好型特征的示例包括：

◆ 管理层的变革意愿；

◆ 组织在员工认知、审核和评估方式上做出改变的意愿；

◆ 集中或分散项目、项目集和项目组合管理职能；

◆ 专注于短期预算和指标而不是长期目标；

◆ 人才管理成熟度和能力。

相反，还有其他一些机构特征可能会成为实现组织敏捷性相关变革的障碍。这些特征示例包括：

◆ 工作被分解为部门孤岛，从而创造出阻碍加速交付的依赖关系，而不是构建在能力中心指导下的跨职能团队。

◆ 采购策略基于短期定价策略，而不是长期能力。

◆ 奖励领导的依据是本地效率而不是端到端项目交付流或整体优化情况（就组织而言）。

◆ 员工属于特定领域人才，实现技能多元化的工具或激励有限，不重视培养 T 型专家人才。

◆ 分散化项目组合使员工同时分配到过多的项目，而无法专注于单个项目。

组织审查和修改这些实践的意愿程度将决定采用敏捷方法的速度和效率。但是，为了解决这些敏捷组织障碍，项目领导可以尝试多种方法来加速文化兼容性：

◆ 积极明确的管理层支持；

◆ 变革管理实践，包括沟通和引导；

◆ 逐个项目应用敏捷实践；

◆ 向团队增量地引入敏捷实践；

◆ 通过采取适用的敏捷技术和实践示范引导。

6.2 组织文化

组织文化就是组织的 DNA —— 组织的核心标识。文化始终影响敏捷方法的使用。组织文化一直在连续运转，从高预测型计划到一切皆为实验的精益创业阶段均有体现。尽管敏捷方法与精益创业文化相当吻合，高预测型组织可以鼓励实证的衡量指标、小型实验和不断学习以便向敏捷方向转变。

6.2.1 创建安全环境

组织文化难以改变，但组织中最重要的文化规范——愿意尝试任何新方法或技术——将有利于构建安全的工作环境。

只有在安全、诚实和透明的环境中，团队成员和领导才可以真正反思其成功，确保项目持续进步，或者应用从失败项目中所吸取的教训，不再重蹈覆辙。

6.2.2 评估文化

每个项目都会遇到相关方意愿相左的棘手情况。团队如何在不影响质量的情况下取得快速进展？团队如何在保留灵活性的同时确保时效性？更重要的是，团队如何满足客户需求？

项目领导可能感觉其职责就是满足各个相关方的期望；但是在面对选择时，通常需要根据组织业务环境的文化和要求来确定优先级。例如，移动电信项目偏重于速度，而政府项目可能偏重于大众化和稳定性。

"文化能把战略当早餐吃。"(Culture eats strategy for breakfast.)—彼得•德鲁克 (Peter Drucker)

这句名言强调了人的承诺和热情对于一份事业的重要性。无论您在团队中实施何种策略或计划，其成功与否将会受到实施该计划的人员的控制。如果推动策略的人员对变革没有热情，甚至漠视其工作和组织，则您可能没有机会实施变革。

要引导这些动态变化，项目领导应花费时间去评估组织通常所关注的重点。图 6-2 显示了有关如何评估的示例。在这个例子中，项目领导发起了与相关方、团队成员和高层管理者的对话以讨论组织优先级。这些优先级根据滑动标尺在这两个极端之间的位置来进行记录，然后再利用该结果去找到最适合这些优先级的敏捷技术。

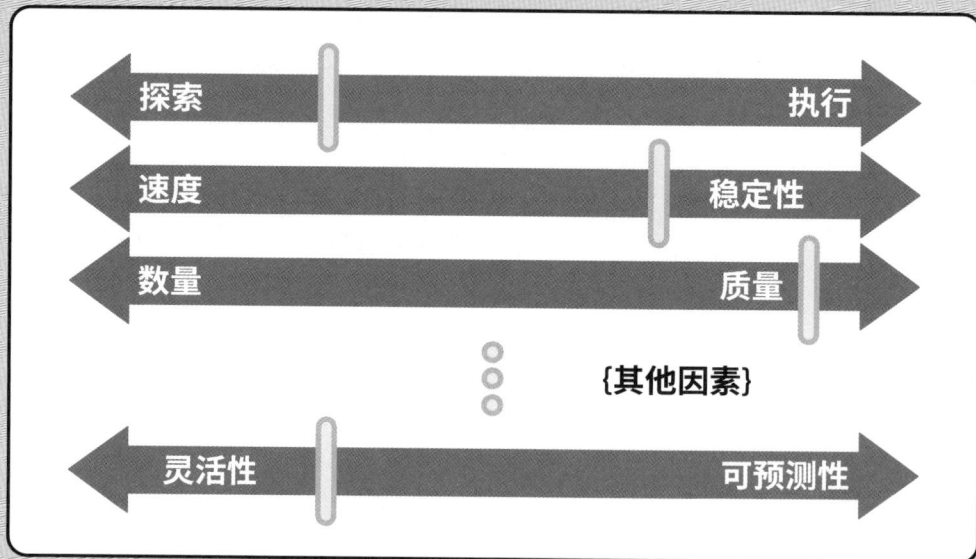

图 6-2 评估组织文化的示例

有一些模型可用于评估这些动态变化；但是，采取何种模型或方法并不重要，关键是让项目领导了解其环境的驱动因素。了解某组织需要满足的组织与行业需求后才能选择合适的对话、权衡，尤其是技术。

6.3 采购和合同

如本实践指南中前面所述，《敏捷宣言》认为"客户协作高于合同协商"。许多项目失败源于客户供应商关系破裂。如果合同相关方怀有非赢即输的想法，通常会给项目带来更多的风险。协作方法提倡共担项目风险和共享项目奖励的关系，实现所有方共赢。设计这种动态特性的合同签署技术包括：

◆ **多层结构**。除了在单个文档中正式说明整个合同关系，项目方可以通过在不同文档中说明不同方面来提高灵活性。通常固定项目（如担保、仲裁）可以锁定在主协议中。同时，所有方将可能会变更的其他项目（如服务价格、产品说明）列在服务明细表中。合同主要服务协议中注明这些服务参考。最后，范围、进度计划和预算等更多动态变化项目可以列在轻量级工作说明书中。通过将合同中的更多变化因素隔离到单独的文档中，将会简化修改工作并提高灵活性。

◆ **强调价值交付**。许多供应商关系是由专注于中间人为因素的固定里程碑或"阶段关口"控制的，而不是由增量业务价值的完全可交付成果控制的。通常，这些控制会限制利用反馈来改进产品。与之相反的是，里程碑和支付项目可以根据价值驱动可交付成果来构建，以增强项目敏捷性。

◆ **总价增量**。项目可以将范围分解为总价微型可交付成果（例如用户故事），而不是将整个项目范围和预算锁定到单个协议中。对于客户而言，这可以更好地控制资金流向。对于供应商而言，这可以限制对单个功能或可交付成果的过多承诺所带来的财务风险。

要点

文化 VS 结构

有些人坚持在开始各种文化转型前构建新的组织结构。还有些人持相反意见，认为新型组织结构只是表面的调整，只有集体文化朝着有意义的方向转变才是根本。实际上，任何一方都孤掌难鸣。如果要实现敏捷，项目领导应同时考虑其组织中这两个方面的当前和未来状态。

◆ **固定时间和材料**。客户在采用传统的时间和材料方法时会产生不必要的风险。一种替代方法是将整体预算限制为固定数量。这就允许客户在最初未计划的项目中纳入新的观点和创新。如果客户需要纳入新的观点，则必须管理给定能力，用新的工作来替代原有工作。应密切监控工作，防止所分配的时间超过其限制。此外，在认为有用的情况下，还可以在最大预算中规划额外应急时间。

◆ **累进的时间和材料**。另一种替代方法是共担财务风险法。在敏捷方法中，质量标准是已完成工作的一部分。因此，如果在合同期限之前交付，则可对供应商的高效率进行奖励。相反，如果供应商延迟交付，则将扣除一定费用。

◆ **提前取消方案**。如果敏捷供应商在仅完成一半范围时便可交付足够的价值，且客户不再需要另外一半范围，则不必支付这部分费用。但合同中可以规定客户应为项目剩余部分支付一定的取消费用。因为不再需要这些服务，客户可以限制预算敞口，而供应商也可获得可观的收入。

◆ **动态范围方案**。对于具有固定预算的合同，供应商可为客户提供在项目特定点改变项目范围的方案。客户可调整功能以适应该能力。这样客户便可利用创新机会，同时限制供应商的过度承诺风险。

◆ **团队扩充**。大多数协作合同方法是将供应商服务直接嵌入客户组织中。通过资助团队而不是特定范围，可以保留客户自行确定需要完成工作这方面策略的权力。

◆ **支持全方位供应商。** 为了分化风险，客户可能需要采取多供应商策略。但是，这样签署合同的结果是，每家供应商只能负责一项工作，这就会产生许多依赖关系，阻碍可行服务或产品的交付。相反，要强调提供全面价值的合约（这与已完成独立功能集中的观点相符）。

可以创建敏捷合同。敏捷是在协作和信任的共同基础上建立的。如果供应商能够尽早频繁交付价值，则有助于实现这一点。如果客户能够提供及时反馈，则有助于实现这一点。

6.4 商业实践

在需求产生时，组织创建新能力的意愿和能力即组织敏捷性的标志。对于关注敏捷及其所提供结果的组织而言，这些不必是颠覆性的变革，破坏性较小。透明和开放协作至关重要。

在跨职能团队交付价值时，团队和个人可能会遇到组织多种支持职能方面的问题。

如果团队定期交付价值，财务部门可能有机会以不同的方式获得产品收益。如果团队与其他组织签署了合同，采购部门可能需要变更这些合同，以帮助其他组织频繁交付价值并与团队保持同步。

团队开始以团结协作的方式展开工作后，将会对内部管理策略提出挑战。人力资源可能注意到个人激励不足，而经理可能会在自组织员工的绩效评估方面绞尽脑汁。在各种情况下都有机会评审现有实践对敏捷工作方式的支持程度。

当组织发展到更高敏捷性时，其他业务部门将有必要更改其交互方式并履行自己的职责。现在应拥护对组织其他领域有益的变更，以此来提高整个组织的效率。

6.5 多团队协作和依赖关系（扩展）

多个项目之间会产生依赖关系，即使不在给定项目集中进行管理。因此有必要了解敏捷工作在现有项目集和项目组合管理环境下的工作方式。

6.5.1 框架

大多数流行敏捷方法（如 Scrum 和极限编程）的指导专注于单个小型且通常是集中办公的跨职能团队活动。这对于需要单个团队的工作非常有用，但对于需要在一个项目集或项目组合中进行多个敏捷团队协作的举措却显得捉襟见肘。

目前已出现许多框架（如大规模敏捷框架、大规模敏捷开发和规范敏捷）和方法（例如 Scrum of Scrums）来应对这种情况。有关这些框架和方法的更多详细信息，请参见附录 A3。

6.5.2 考虑事项

有多种扩展工作的方式。团队可能需要将多个敏捷项目工作扩展到单个敏捷项目集中。或者，组织可以设计出支持整个项目组合中不同敏捷方法的结构。

例如，可以从小项目着手，然后尽快了解组织环境中比较适合的方式。即使一切还未完全转换到敏捷方法，团队仍可获得成功。

无论采用哪种方法，关键成功因素是健康的敏捷团队。如果单个团队采取敏捷方法无法获得成功，则勿尝试将其扩展到更大范围；而要先行解决阻止团队敏捷工作的组织障碍。

大规模敏捷项目的目标是协调不同团队的工作以便为客户提供价值。这有多种实现方式。团队可以采用正式的框架或应用敏捷思维调整现有项目集管理实践。

6.6 敏捷和项目管理办公室 (PMO)

设立 PMO 的目的是引导组织实现商业价值。可以通过帮助实现项目目标来做到这一点。PMO 有时还会提供团队教育（或安排培训）和项目支持。PMO 还会针对给定项目或项目集提供相关商业价值方面的管理建议。

由于敏捷会带来文化变更，随着时间的推移，组织可能也需要变更，包括 PMO。例如，经理会决定资助的项目及其时间，团队会决定培训或建议需求。

6.6.1 敏捷 PMO 为价值驱动型

所有项目都应在合适的时间为合适的受众提供合适的价值。PMO 的目标是帮助促进这个目标的实现。基于敏捷的 PMO 方法以客户协作思维为基础，并存在于所有 PMO 项目集中。在许多情况下，这意味着 PMO 的运营方式类似于咨询企业，需要根据给定项目的特定需求来定制其工作。有些项目可能需要工具和模板，还有些项目可能会从管理层引导中获益。PMO 应努力按需交付并紧跟客户需求，确保了解并适应他们的需求。这种内部创业方法专注于能为所支持的项目提供最大价值的 PMO 活动。

6.6.2 敏捷 PMO 为面向创新型

为了在基于价值的章程下加速发展，PMO 可能需要强制执行某些解决方案或方法，例如，保持所有人行动的一致性以快速获得成功。但需要确保员工的参与意愿才能提高效率。只邀请感兴趣的人员参与 PMO 服务即可实现这一点。PMO 实践的参与度越高，便更容易提高这些实践的"粘合力"。如果 PMO 为其客户提供了价值，则客户很可能会要求这种服务并采用其实践。

6.6.3 敏捷 PMO 为多学科型

为了支持特定项目需求，PMO 还需要熟悉项目管理本身以外的其他一些能力，因为不同的项目要求不同的能力。例如，一个项目可能需要组织设计来解决人员配备挑战，而另一个项目可能需要组织变革管理技术来确保相关方参与或获得独特的业务模型以支持客户目标。

某些组织已将其 PMO 转换为卓越敏捷中心以提供以下服务：

◆ **制定和实施标准**。提供用户故事、测试案例、累积流图等模板，提供敏捷工具并培训支持小组了解迭代开发概念。

◆ **通过培训和指导发展人才**。协调敏捷培训课程、教练和导师以帮助员工过渡到敏捷思维模式并升级其技能。鼓励和支持员工参与本地敏捷活动。

◆ **多项目管理**。通过不同项目交流协调敏捷团队。考虑分享进度、问题、回顾性发现和改进实验等内容。借助适当的框架，帮助管理项目层的主要客户发布和项目组合层的投资主题。

◆ **促进组织学习**。收集项目进度信息并获取、存储和记录回顾性发现成果。

◆ **管理相关方**。提供产品负责人培训，指导验收测试以及评估方法，并提供系统反馈。宣扬主题专家 (SME) 对项目的重要性。

◆ **招聘、筛选和评估项目领导**。制定敏捷实践者访谈指南。

◆ **执行专业化项目任务**。培训和提供回顾的促进者，与敏捷项目问题解决者订立协议，并提供导师和教练。

6.7 组织结构

组织结构会严重影响其转向新信息或转变市场需求的能力。下面列出了主要特征：

◆ **地理**。地理分散的项目组织可能会在各种项目中发现阻碍工作进展的一些挑战。项目领导和区域经理可能持有不同或相反的目标。此外，文化差异、语言障碍和低可视化可能会降低工作效率。幸运的是，采用敏捷方法可以鼓励更好的协作并提高信心。在这些环境下，项目领导应鼓励团队和管理层对话，定制该环境所需的技术并管理对工作需求的期望。

◆ **职能结构**。有些组织按照高度项目型、矩阵型或高度职能型的方式构建。具有高度职能结构的项目可能会在组织内部协作方面遇到很大阻力。

◆ **项目可交付成果的大小**。缩小项目可交付成果将会激励部门之间更频繁的交流，由此带来更频繁的交互以及组织内部更快速的价值流动。

◆ **项目人员分配**。另一种方法是在各个部门中抽出一个人，将其临时完全分配到最高优先级项目。

◆ **重采购型组织**。有些组织选择主要通过供应商实施项目。尽管项目目标可能非常明确，供应商也有责任监管自己的财务状况。但是，供应商完成其义务并退出合约后，相关项目知识也将随之带走。这就会限制持续灵活性和速度所需的内部能力。如果在供应商还参与时采用敏捷技术（例如回顾和跟踪可能改进的领域），则可帮助缓解产品知识缺失的情况。

6.8 组织演变

应对单个挑战领域或实施新的混合或敏捷方法时，建议以累积方式承接工作。常用实践是将变更过程视为一个敏捷项目，团队可以根据自己的价值观或其他考虑事项引入自己的变更待办事项列表并确定其优先级。每个变更可以被视为一个实验，将进行短时间测试以确定每个变更的适应性以及进一步细化/考虑需求。

使用看板面板跟踪进度，显示已作为"已完成"使用的新方法、被视为"进行中"的方法，以及仍在等待被引入"待办事项"的方法。请参见图6-3以了解具有待办事项列表排序的初始面板。图6-4显示了面板工作进度的示例。

已排序的待 办事项列表	进行中		风险管理或 迁移	决策所需的 后续行动	正在等待: 暂停项目	完成
	行动项目 分析	行动项目 解决				
变更 1						
变更 2						
变更 3						
变更 4						
变更 5						
变更 6						
变更 7						
变更 8						
变更 9						
变更 10						

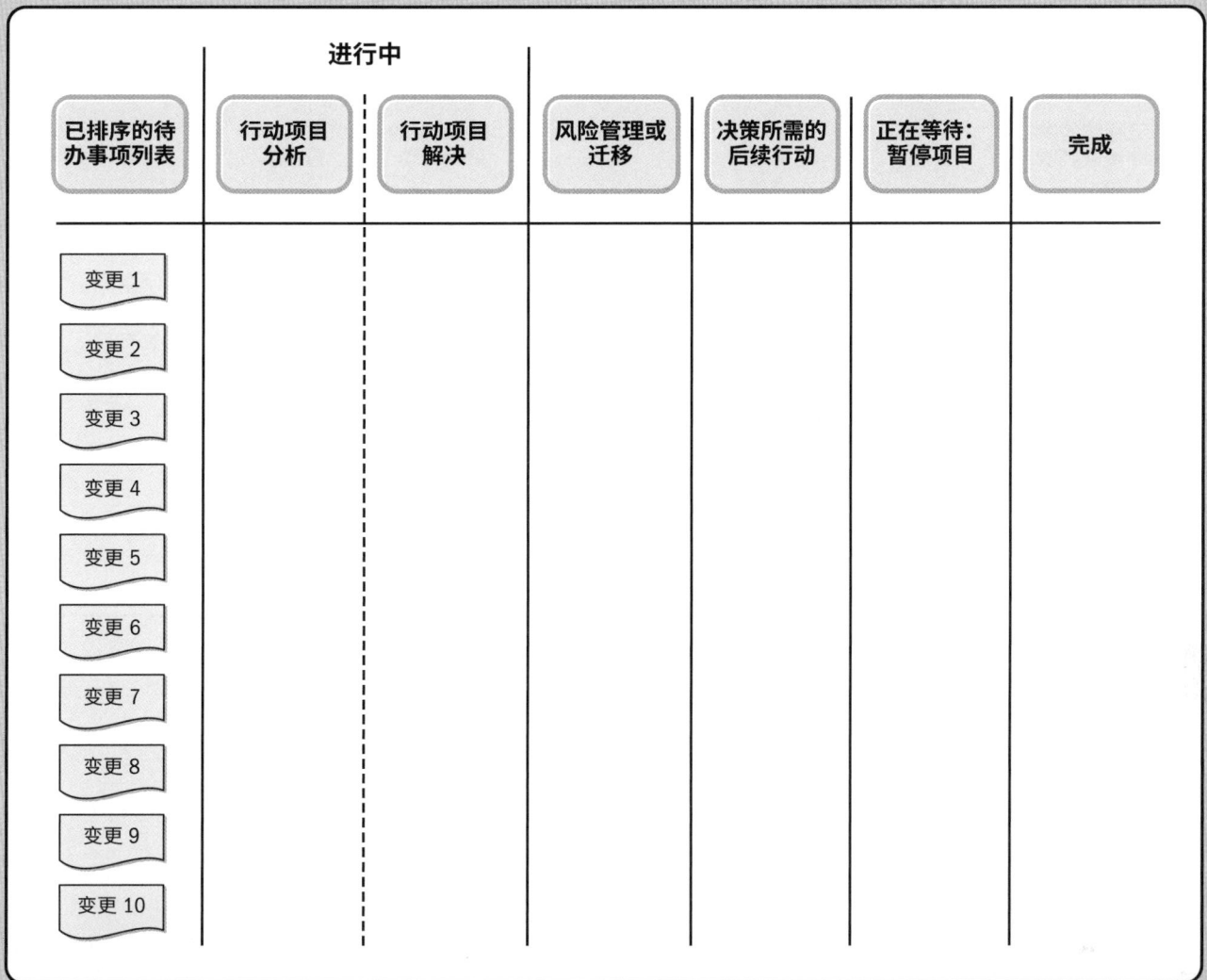

图 6-3变更初始待办事项列表排序

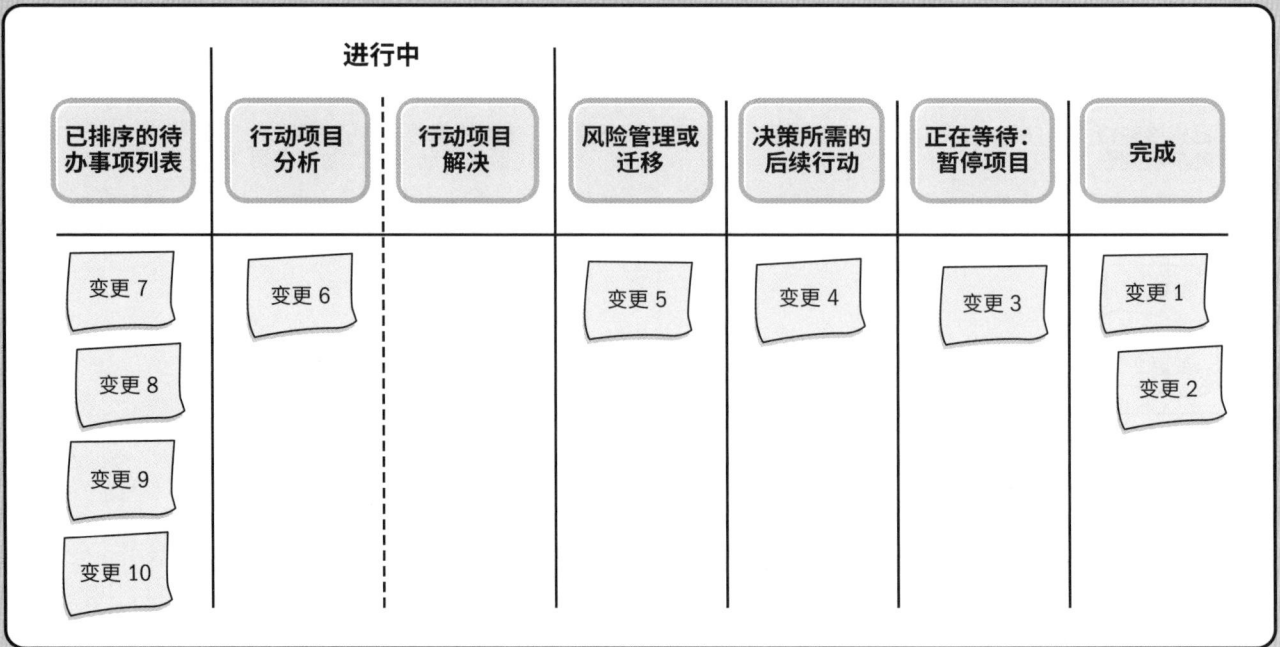

已排序的待办事项列表	进行中		风险管理或迁移	决策所需的后续行动	正在等待:暂停项目	完成
	行动项目分析	行动项目解决				
变更 7	变更 6		变更 5	变更 4	变更 3	变更 1
变更 8						变更 2
变更 9						
变更 10						

图 6-4使用待办事项列表和看板面板组织和跟踪变革工作

通过使用这些工具来组织和管理变更实施,将可提供进度的可视化并对正在实施的方法进行建模。以透明和吸引人的方式部署变更,将可以提高成功可能性。

7

行动呼吁

自 2001 年首次发布《敏捷宣言》之后，敏捷及其项目管理方法的采用率已有大幅提高。敏捷思维模式的理念和实践不再局限于特定规模的组织或一些仅专注于信息技术的组织。该思维模式应用广泛，并已在许多环境中获得了成功。

如今，"敏捷"呼声前所未有地高涨起来。由于业内对敏捷的最佳途径还存在争议，围绕该主题的讨论仍甚嚣尘上，并且不断涌现出更多的创新。有一个真理永恒不变，那就是：检查、适应和透明度是成功交付价值的关键因素。

该实践指南可能无法提供您所期待的一切信息。我们的核心团队意识到您可能会对我们选择呈现并热衷的一些元素或方法持有不同意见。我们希望您能继续积极参与这方面的对话，并改进该实践指南的下一次迭代。您需要进行学习、实验、获取反馈和再实验的过程，然后帮助我们回顾，提供指南的相关反馈并参与制定该实践指南的未来版本。无论怎样，没有适应的检查只是浪费精力。

最后，我们期待您能参与更广泛的项目管理和敏捷社区，推动这些主题的对话。通过会议结识 PMI 和敏捷联盟® 的代表并参与讨论。使用社交媒体发表您的观点和意见。

您可以在名称为"敏捷实践"的博客中提供有关该实践指南内容的反馈并参与对话，网址：https://www.projectmanagement.com/blogs/347350/Agile-in-Practice。

附录 A1 —
《PMBOK®指南》映射

表 A1-1 显示了第六版《PMBOK® 指南》中定义的项目管理过程组与知识领域之间的对应关系。

本附录说明了如何利用混合和敏捷方法处理《PMBOK® 指南》知识领域（请参见表 A1-2）中所述的属性，其中涵盖了相同和不同的属性，并提供了为提高成功可能性而需考虑的一些指导原则。

表 A1-1项目管理过程组与知识领域

知识领域	项目管理过程组				
	启动过程组	规划过程组	执行过程组	监控过程组	收尾过程组
4. 项目整合管理	4.1 制定项目章程	4.2 制定项目管理计划	4.3 指导与管理项目工作 4.4 管理项目知识	4.5 监控项目工作 4.6 实施整体变更控制	4.7 结束项目或阶段
5. 项目范围管理		5.1 规划范围管理 5.2 收集需求 5.3 定义范围 5.4 创建 WBS		5.5 确认范围 5.6 控制范围	
6. 项目进度管理		6.1 规划进度管理 6.2 定义活动 6.3 排列活动顺序 6.4 估算活动持续时间 6.5 制定进度计划		6.6 控制进度	
7. 项目成本管理		7.1 规划成本管理 7.2 估算成本 7.3 制定预算		7.4 控制成本	
8. 项目质量管理		8.1 规划质量管理	8.2 管理质量	8.3 控制质量	
9. 项目资源管理		9.1 规划资源管理 9.2 估算活动资源	9.3 获取资源 9.4 建设团队 9.5 管理团队	9.6 控制资源	
10. 项目沟通管理		10.1 规划沟通管理	10.2 管理沟通	10.3 监督沟通	
11. 项目风险管理		11.1 规划风险管理 11.2 识别风险 11.3 实施定性风险分析 11.4 实施定量风险分析 11.5 规划风险应对	11.6 实施风险应对	11.7 监督风险	
12. 项目采购管理		12.1 规划采购管理	12.2 实施采购	12.3 控制采购	
13. 项目相关方管理	13.1 识别相关方	13.2 规划相关方参与	13.3 管理相关方参与	13.4 监督相关方参与	

《PMBOK® 指南》知识领域	敏捷工作过程中的应用
第 4 章 **项目整合管理**	迭代和敏捷方法能够促进团队成员以相关领域专家的身份参与整合管理。团队成员自行决定计划及其组件的整合方式。 在适应型环境下，《PMBOK® 指南》"整合管理的核心概念"章节中所述的对项目经理的期望保持不变，但把对具体产品的规划和交付授权给团队来控制。项目经理的关注点在于营造一个合作型的决策氛围，并确保团队有能力应对变更。如果团队成员具备广泛的技能基础而不局限于某个狭窄的专业领域，那么这种合作型方法就会更加有效
第 5 章 **项目范围管理**	对于需求不断变化、风险大或不确定性高的项目，在项目开始时通常无法明确项目的范围，而需要在项目期间逐渐明确。敏捷方法特意在项目早期缩短定义和协商范围的时间，并为持续探索和明确范围而延长创建相应过程的时间。在许多情况下，不断涌现的需求往往导致真实的业务需求与最初所述的业务需求之间存在差异。因此，敏捷方法有目的地构建和审查原型，并通过发布多个版本来明确需求。这样一来，范围会在整个项目期间被定义和再定义。在敏捷方法中，把需求列入未完项

《PMBOK® 指南》知识领域	敏捷工作过程中的应用
第 6 章 **项目进度管理**	适应型方法采用短周期来开展工作、审查结果，并在必要时做出调整。这些周期可针对方法和可交付成果的适用性提供快速反馈，通常表现为迭代型进度计划和拉动式按需进度计划，具体参见《PMBOK® 指南》中"项目进度管理的发展趋势和新兴实践"一节。 在大型组织中，可能同时存在小规模项目和大规模举措，需要制定长期路线图，通过规模参数（如团队规模、地理分布、法规合规性、组织复杂性和技术复杂性）来管理这些项目集。为管理大规模的、全企业系统的、完整的交付生命周期，可能需要采用一系列技术，包括预测法、适应型方法或两种方法的混合。组织还可能需要结合几种核心方法，或采用已实践过的方法，并采纳来自传统技术的一些原则和实践。 无论是采用预测型开发生命周期来管理项目，还是在适应型环境下管理项目，项目经理的角色都不变。但是，要成功实施适应型方法，项目经理需要了解如何高效使用相关的工具和技术
第 7 章 **项目成本管理**	对易变性高、范围并未完全明确、经常发生变更的项目，详细的成本计算可能没有多大帮助。在这种情况下，可以采用轻量级估算方法快速生成对项目人力成本的高层级预测，在出现变更时容易调整预测；而详细的估算适用于采用准时制的短期规划。 如果易变的项目也遵循严格的预算，通常需要更频繁地更改范围和进度计划，以始终保持在成本制约因素之内

《PMBOK® 指南》知识领域	敏捷工作过程中的应用
第 8 章 **项目质量管理**	为引导变更，敏捷方法要求在整个项目期间频繁开展质量与审核步骤，而不是在面临项目结束时才执行。 循环回顾，定期检查质量过程的效果；寻找问题的根本原因，然后建议实施新的质量改进方法；后续回顾会议评估试验过程，确定新方法是否可行，是否应继续使用，是否应该调整，或者直接弃用。 为促进频繁的增量交付，敏捷方法关注于小批量工作，纳入尽可能多的项目可交付成果的要素。小批量系统的目的是在项目生命周期早期（整体变更成本较低）发现不一致和质量问题
第 9 章 **项目资源管理**	易变性高的项目得益于最大限度地集中和协作的团队结构，例如拥有通才的自组织团队。 协作旨在提高生产率和促进创新的问题解决方式。协作型团队可以促进不同工作活动的加速整合、改善沟通、增加知识分享，以及提供工作分配的灵活性和其他优势。 虽然协作的优势也适用于其他项目环境，协作型团队对于易变性高且快速变化的项目成功而言通常是至关重要的，因为集中分配任务和决策所需的时间更少。 对于易变性高的项目，实物和人力资源规划的可预测性要低得多。在这些环境中，关于快速供应和精益方法的协议，对控制成本和实现进度而言至关重要

《PMBOK® 指南》知识领域	敏捷工作过程中的应用
第 10 章 **项目沟通管理**	在模糊不定的项目环境中，必然需要对不断演变和出现的细节情况，进行更频繁和快速的沟通。因此，应该尽量简化团队成员获取信息的通道，频繁进行团队检查，并让团队成员集中办公。 此外，为了促进与高级管理层和相关方的沟通，还需要以透明的方式发布项目工件，并定期邀请相关方评审项目工件
第 11 章 **项目风险管理**	从本质上讲，越是变化的环境就存在越多的不确定性和风险。要应对快速变化，就需要采用适应型方法管理项目，即：通过跨职能项目团队和经常审查增量式工作产品，来加快知识分享，确保对风险的认知和管理。在选择每个迭代期的工作内容时，应该考虑风险；在每个迭代期间应该识别、分析和管理风险。 此外，应该根据对当前风险敞口的理解的加深，定期更新需求文件，并随项目进展重新排列工作优先级

表 A1-2敏捷在《PMBOK® 指南》知识领域中的应用（续）

《PMBOK® 指南》知识领域	敏捷工作过程中的应用
第 12 章 **项目采购管理**	在敏捷型环境中，可能需要与特定卖方协作来扩充团队。这种协作关系能够营造风险共担式采购模型，让买方和卖方共担项目风险和共享项目奖励。 在大型项目上，可能针对某些可交付成果采用适应型方法，而对其他部分则采用更稳定的方法。在这种情况下，可以通过主体协议，如主要服务协议（MSA），来管辖整体协作关系，而将适应型工作写入附录或补充文件。这样一来，变更只针对适应型工作，而不会对主体协议造成影响
第 13 章 **项目相关方管理**	高度变化的项目更需要项目相关方的有效互动和参与。为了开展及时且高效的讨论及决策，适应型团队会直接与相关方互动，而不是通过层层的管理级别。客户、用户和开发人员在动态的共创过程中交换信息，通常能实现更高的相关方参与和满意程度。在整个项目期间保持与相关方社区的互动，有利于降低风险、建立信任和尽早做出项目调整，从而节约成本，提高项目成功的可能性。 为加快组织内部和组织之间的信息分享，敏捷型方法提倡高度透明。例如，邀请所有相关方参与项目会议和审查，或将项目工件发布到公共空间，其目的在于让各方之间的不一致和依赖关系，或者与不断变化的项目有关的其他问题，都尽快浮现

附录 A2—
《敏捷宣言》映射

本附录说明了《敏捷实践指南》中涵盖的《敏捷宣言》元素（请参见表 A2-1 和表 A2-2）。

表 A2-1《敏捷实践指南》中涵盖的《敏捷宣言》价值观

价值	《敏捷实践指南》涵盖内容（按章节和标题）
个体和互动高于流程和工具	4.2 仆人式领导为团队赋权 4.3 团队构成 5.1 项目章程和团队章程 5.2.4 每日站会 6.2 组织文化
工作的软件高于详尽的文档	5.2.2 待办事项列表编制 5.2.3 待办事项列表的细化 5.2.5 展示/评审 5.2.7 帮助团队交付价值的执行实践
客户合作高于合同谈判	4.3 团队构成 5.4 敏捷项目的衡量指标 6.2 组织文化 6.3 采购和合同 6.7 组织结构
响应变化高于遵循计划	5.2.1 回顾 5.2.3 待办事项列表的细化 5.2.5 展示/评审

表 A2-2《敏捷宣言》背后原则的实践指南映射

原则	《敏捷实践指南》涵盖内容
我们的最高目标是,通过尽早持续交付有价值的软件来满足客户的需求。	3.1 项目生命周期的特征 5.2.7 帮助团队交付价值的执行实践
欢迎对需求提出变更,即使在项目开发后期也不例外。敏捷过程要善于利用需求变更,帮助客户获得竞争优势。	5.2.3 待办事项列表的细化
要经常交付可用的软件,周期从几周到几个月不等,且越短越好。	5.2 常见敏捷实践
项目实施过程中,业务人员与开发人员必须始终通力协作。	4.2 仆人式领导为团队赋权 5.2.2 待办事项列表编制 5.2.3 待办事项列表的细化
要善于激励项目人员,给予他们所需的环境和支持,并相信他们能够完成任务。	4.3 团队构成 5.1 项目章程和团队章程 5.2.1 回顾
无论是对开发团队还是团队内部,信息传达最有效的方法都是面对面的交谈。	4.3.4 团队结构 5.2.4 每日站会
可用的软件是衡量进度的首要衡量标准。	5.2.7 帮助团队交付价值的执行实践 5.2.8 迭代和增量如何帮助交付工作产品
敏捷过程提倡可持续的开发。项目发起人、开发人员和用户应该都能够始终保持步调稳定。	5.1 项目章程和团队章程
对技术的精益求精以及对设计的不断完善将提高敏捷性。	5.2 常见敏捷实践
简洁,即尽最大可能减少不必要的工作,这是一门艺术。	5.2.2 待办事项列表编制 5.2.3 待办事项列表的细化
最佳的架构、需求和设计将出自于自组织团队。	4.3 团队构成
团队要定期反省怎样做才能更有效,并相应地调整团队的行为。	5.2.1 回顾

附录 A3 —
敏捷和精益框架概述

本附录描述了一些常用的敏捷方法。这些方法可以单独或结合使用，以调整适应特定环境或情况。没有必要一定使用这些方法；敏捷方法可以完全重新开发，只需符合《敏捷宣言》的思维模式、价值观和原则即可。如果能够依据敏捷原则提供可持续价值，且所开发的方法能促进与客户的协作，则无需再开发特定的方法。有关每种方法更多信息的链接，可参考本指南的"参考书目"章节。

A3.1 《敏捷实践指南》的选择标准

本实践指南明确说明了许多敏捷方法和技术。图 A3-1 根据指南的深度和生命周期的广度描述了一些敏捷方法的示例。用于讨论的已选特定方法均是比较常用的示例，包括：

◆ **专供整体使用。** 某些敏捷方法围绕单个项目活动，如估算或反映。所列示例仅包含更为完整的敏捷框架。其中某些方法的功能更全面，但所有选定方法旨在指导广泛的项目活动。

◆ **适合常用环境。** 某些敏捷框架具有专有性，仅适合单个组织或环境特定使用。A3.2～A3.14 节重点描述了各种环境中的常用框架。

◆ **现代流行用例。** 某些敏捷框架经过整体化设计和优化构建，但通常不适用于大多数项目或组织。根据一组最新行业调查结果显示，本附录中描述的敏捷框架已被众多行业采用。

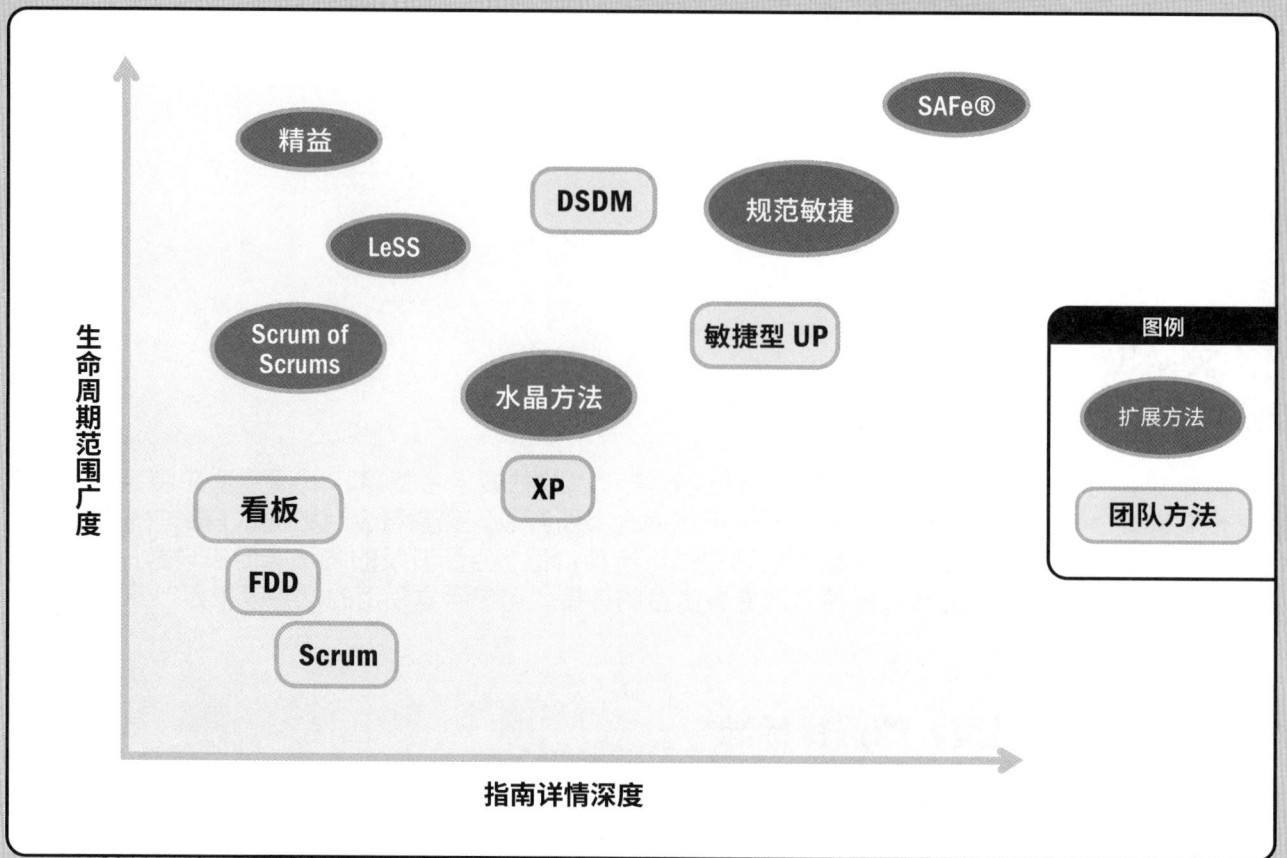

图 A3-1根据广度和详情制订的敏捷方法

A3.2 SCRUM

Scrum 是用于管理产品开发的单个团队过程框架。该框架包含 Scrum 角色、事件、工件和规则，采用迭代方法来交付工作产品。Scrum 是运行在 1 个月或更少时间的时间盒上的，其中包含持续时间一致的多个冲刺，在这些冲刺中会产生潜在可发布的产品增量。表 A3-1 列出了项目执行中所利用的 Scrum 事件和工件。

Scrum 团队包含产品负责人、开发团队和 Scrum 主管。

◆ 产品负责人负责实现产品价值的最大化。

◆ 开发团队是一个跨职能自组织团队，其开发成员拥有所需的一切资源，可在不依赖团队外部其他资源的情况下交付工作产品。

◆ Scrum 主管负责确保 Scrum 过程获得相应支持且 Scrum 团队遵从实践和规则，并指导团队消除障碍。

表 A3-1Scrum 事件和工件

事件	工件
冲刺 冲刺计划 每日例会 冲刺评审 冲刺回顾	产品待办事项列表 冲刺待办事项列表 增量

A3.3 极限编程

　　极限编程 (XP) 是一种基于频繁交付周期的软件开发方法。该名称基于这样一个理念：将特定最佳实践提炼到最纯粹和最简单的形式，然后在整个项目周期内持续运用该实践。

　　XP 最受关注的地方在于推广旨在改进软件项目成果的整套实践。该方法最初包含十二种主要实践，随后逐渐演变，采用了一些其他推论实践。表 A3-2 中列出了这些实践。

表 A3-2极限编程实践

XP 实践领域	主要	次要
组织	• 集中办公 • 整个团队 • 信息灵通的工作场所	• 真实客户参与 • 团队连续性 • 可持续节奏
技术	• 结对编程 • 测试优先编程 • 增量设计	• 共用代码/集体所有制 • 代码和测试文档 • 重构
规划	• 用户故事 • 每周周期 • 每季周期 • 时差	• 根本原因分析 • 裁减团队 • 按使用情况支付 • 协商范围合同 • 每日站会
整合	• 10 分钟构建 • 持续集成 • 测试优先	• 单代码库 • 增量部署 • 每日部署

　　该演变是通过筛选核心价值观（沟通、简洁、反馈、勇气、尊重）并根据主要原则（人性化、经济、互惠互利、自相似、改进、多样性、反思、流程、机会、冗余、失败、质量、循序渐进、承担的责任）信息来设计和采用技术的结果。

A3.4 看板方法

看板在精益制造中是一种用于规划库存控制和补给的系统。这种"准时制"库存补给过程最初可在杂货店中看到，商店会根据货架不足情况而不是供应商库存来补给货架商品。受这种准时制库存系统的启发，大野耐一开发了看板，并在 1953 年将其应用于丰田的主要制造厂。

"看板"一词按字面翻译为"视觉符号"或"卡"。带有卡片的物理看板面板能够推动和实现整个系统中工作流的可视化，让每个人都可以看到。该信息发射源（大型显示屏）包含许多列，表示需要完成的工作流的状态。最简单的面板可能包含三列（即要完成的工作、进行中的工作和已完成的工作），但可以调整为使用团队所需要的任何状态。

看板方法应用并适用于多种场合，可以确保工作流和价值交付的持续性。看板方法不如某些敏捷方法规范，因此开始实施时的破坏性也较小，原因在于它是原始的"原地出发"方法。在必要或适当的情况下，组织可以相对轻松地应用看板方法并通过完全实施该方法而向前发展。

与大多数敏捷方法不同，看板方法未规定使用时间盒迭代。在看板方法中可以使用迭代，但应始终遵循在整个过程中持续拉取单个条目并限制在制品以优化流程的原则。如果团队或组织有以下需要时，则看板方法最为适用：

◆ **灵活性**。团队通常不受时间盒的限制，将执行待办事项列表中优先级最高的工作。

◆ **专注于持续交付**。团队专注于完成整个系统工作流，直至在制品完成才会开始新工作。

◆ **提高工作效率和质量**。通过限制在制品将可以提高工作效率和质量。

◆ **提高效率**。检查每个任务，了解增值或非增值活动，然后清除非增值活动。

◆ **团队成员专注力**。限制在制品，使团队能够专注于当前工作。

◆ **工作负载的可变性**。如果即将开展的工作存在不可预测性，团队将无法做出可预测承诺，即使对于短期工作也不例外。

◆ **减少浪费**。透明将会使浪费可视化，因而能够消除浪费。

看板方法是从精益思维原则衍生而来。表 A3-3 列出了看板方法的定义原则和核心属性。

看板方法是一种整体性组织增量演变过程和系统变更框架。该方法采用"拉式系统"来完成在制品。团队完成一个条目后，即可拉取另一个条目到该过程。

表 A3-3看板方法的定义原则和属性

定义原则	核心属性
从当前状态开始	工作流可视化
同意采用增量演变性变更	限制在制品
尊重当前过程、角色、职责和头衔	管理流程
鼓励所有层级领导行为	明确过程政策
	实施反馈循环
	提高协作性

看板面板（如图 A3-2 所示）是一种技术含量低但接触广泛的技术，使用者在一开始时可能会认为其过于简单，但很快便会发现其强大的功能。看板面板利用列进入和退出策略以及限制在制品等制约因素，可提供一目了然的工作流、瓶颈、阻碍和整体状态信息。此外，面板可作为面向所有观众的信息发射源，提供团队工作状态的最新信息。

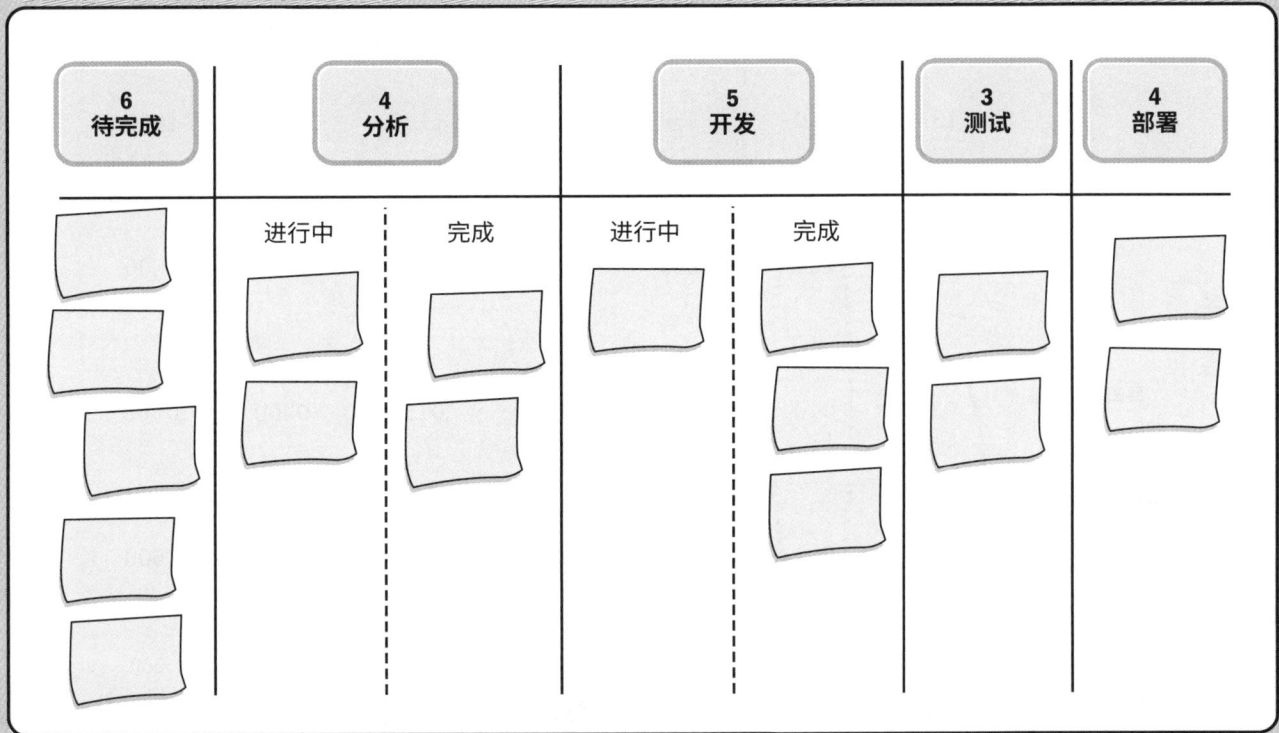

6 待完成	4 分析		5 开发		3 测试	4 部署
	进行中	完成	进行中	完成		

图 A3-2看板面板通过展示在制品限制和拉取系统来优化工作流

在看板方法中，完成工作比开始新工作更为重要。从未完成的工作中无法获得任何价值，因此团队将协作实施和遵从在制品 (WIP) 限制，让整个系统中的每份工作得以"完成"。

A3.5 水晶方法

水晶是一种方法论家族。水晶方法论旨在根据项目规模（项目中涉及的人员数量）以及项目的关键性来量化并提供方法严格程度选择。水晶方法家族如图 A3-3 所示。

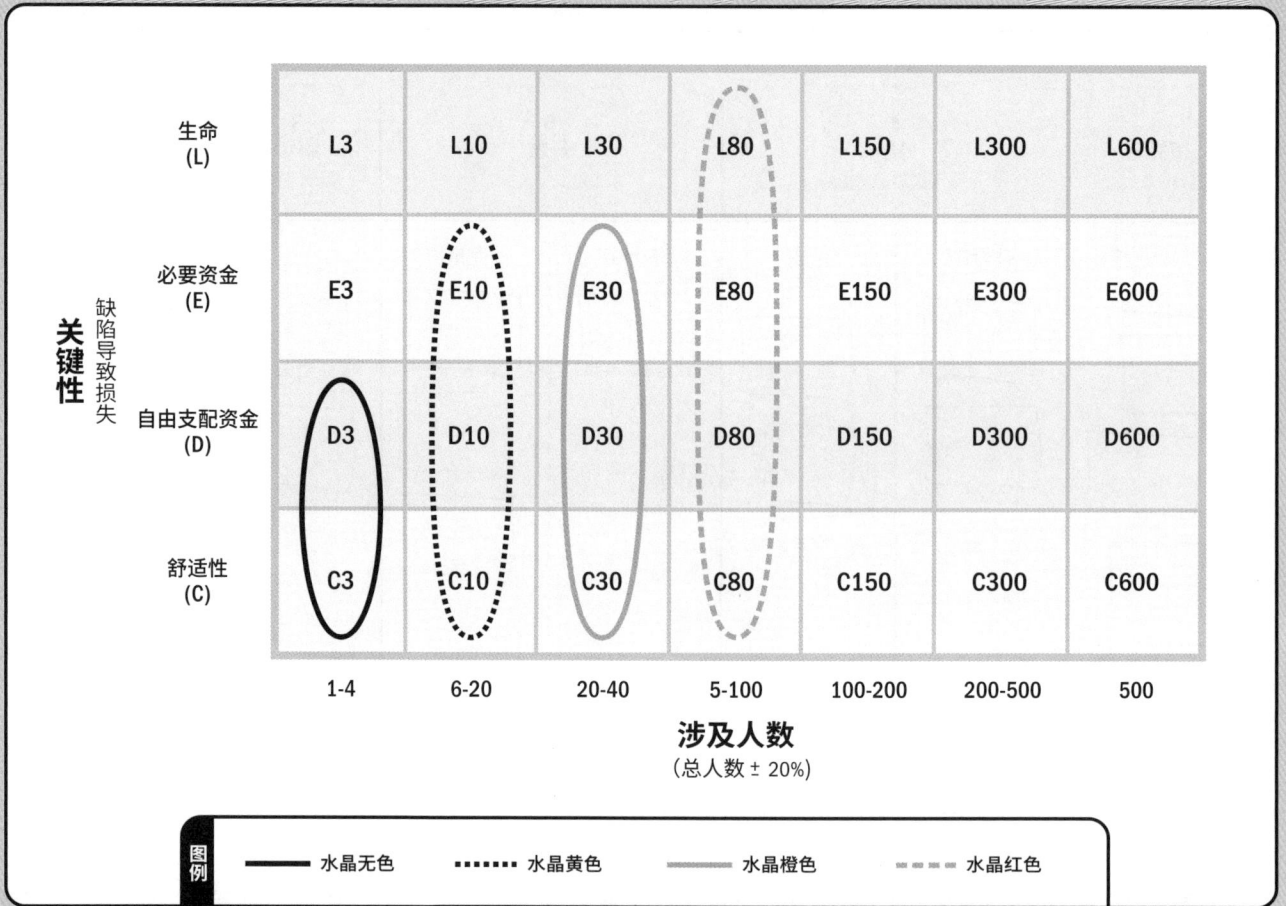

图 A3-3水晶方法家族

水晶方法认识到每个项目可能需要一系列轻量剪裁的策略、实践和过程，以匹配项目的独特特征。该方法论家族根据"重要性"使用不同的颜色来确定要使用的方法。"水晶"一词的使用源自宝石，它的不同面代表了根本的核心原则和价值观。不同面代表了技术、工具、标准和角色，如表 A3-4 所示。

表 A3-4水晶原则的核心价值观和常见属性

核心价值观	常见属性[A]
人员 交互 社区 技能 人才 沟通	频繁交付 反思式改进 密切或渗透型沟通 个人安全 专注 容易接触专家用户
	具有自动化测试、配置管理和频繁整合的技术环境

[A]项目中包含的这些属性越多，成功可能性越高。

A3.6 SCRUMBAN

Scrumban 是一种敏捷方法，最初设计为 Scrum 到看板之间的过渡方法。它是通过其自身衍生演变而成的另一种混合敏捷框架和方法，其中团队将 Scrum 作为框架，而将看板作为过程改进方法。

在 Scrumban 中，工作被分解到许多小的"冲刺"，并利用看板面板来可视化和监督工作。将故事列在看板面板上，团队通过使用在制品限制来管理其工作。通过召开每日例会来维持团队之间的协作并消除阻碍。团队通过设置规划触发因素来了解何时规划下一步工作，通常发生于在制品级别低于预设限制时。Scrumban 看板中没有预定义角色 —— 团队保留其当前角色。

A3.7 功能驱动开发

功能驱动开发 (FDD) 的开发目的是满足大型软件开发项目的特定需求。小型商业价值功能重视能力。

功能驱动开发项目中有六个主要角色，每个人可以担任以下一个或多个角色：

◆ 项目经理；

◆ 首席架构师；

◆ 开发经理；

◆ 首席编程人员；

◆ 类负责人；

◆ 领域专家。

功能驱动开发项目分为五个过程或活动，以迭代方式执行：

◆ 开发整个模型；

◆ 构建功能列表；

◆ 依据功能规划；

◆ 依据功能设计；

◆ 依据功能构建。

这五个过程的生命周期流程和相互作用如图 A3-4 所示。

功能驱动开发活动由一组核心软件工程最佳实践提供支持：

◆ 领域对象建模；

◆ 依据功能开发；

◆ 个体代码所有制；

◆ 功能团队；

◆ 检查；

◆ 配置管理；

◆ 定期构建；

◆ 进度和结果可视化。

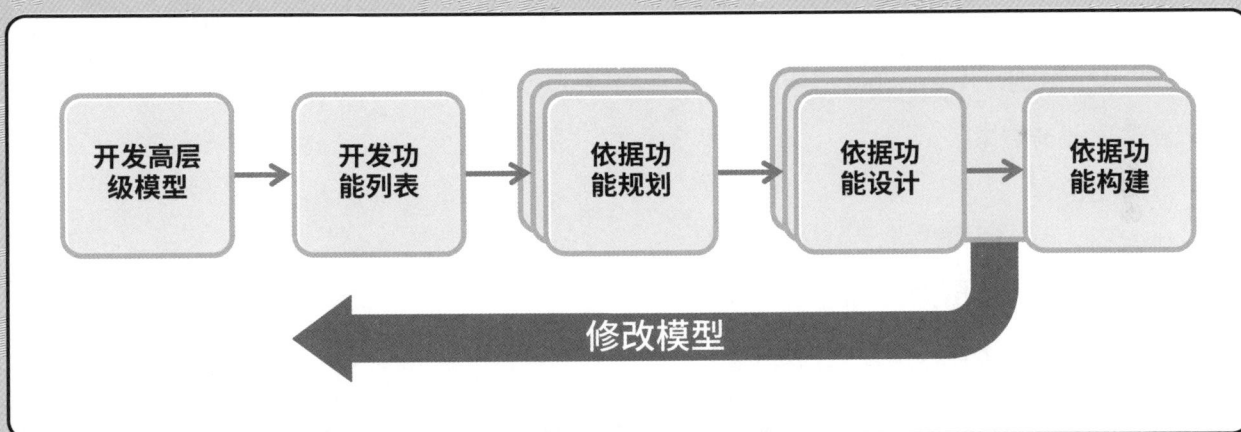

图 A3-4功能驱动开发项目生命周期

A3.8 动态系统开发方法

　　动态系统开发方法 (DSDM) 是一种敏捷项目交付框架，最初的设计目的是提高 20 世纪 90 年代普及的迭代方法的严格程度。该框架开发为行业领导者之间的非商业性协作方式。

　　DSDM 因强调制约因素驱动交付而著称。该框架从一开始便可设置成本、质量和时间，然后利用正式的范围优先级来满足这些制约因素的要求，如图 A3-5 所示。

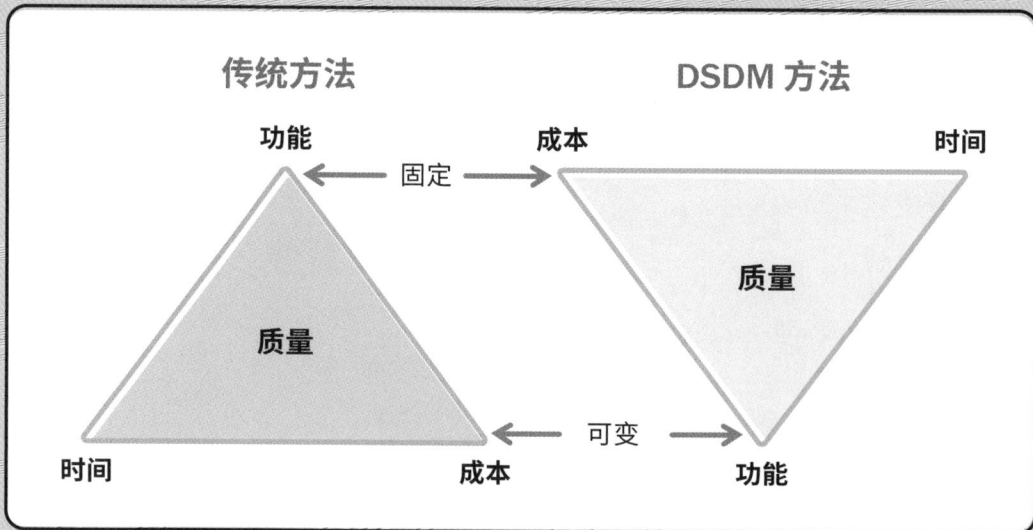

图 A3-5制约因素驱动敏捷的 DSDM 方法

可通过八个原则来指导 DSDM 框架的使用：

◆ 专注于业务需求；

◆ 准时交付；

◆ 协作；

◆ 在质量上永不妥协；

◆ 在坚实的基础上进行增量式构建；

◆ 迭代开发；

◆ 保持持续和明晰的沟通；

◆ 演示控制（使用适当的技术）。

A3.9 敏捷统一过程

敏捷统一过程 (AgileUP) 是软件项目中统一过程 (UP) 的分支。与紧前统一过程相比，该过程具有加速周期和轻量级的过程。其目的在于在七个主要因素之间执行更多迭代的周期，并在正式交付之前纳入相关反馈。表 A3-5 中列出了因素以及指导原则。

表 A3-5敏捷统一过程的主要元素

发布中的因素	指导因素的原则
模型	团队了解当前工作
实施	简洁性
测试	敏捷性
部署	专注于高价值活动
配置管理	工具依赖性
项目管理	量身定制
环境	特定情境

A3.10 扩展框架

A3.10.1 SCRUM OF SCRUMS

Scrum of Scrums (SoS) 也称为 "meta Scrum"，是由两个或多个 Scrum 团队而不是一个大型 Scrum 团队所使用的一种技术，其中一个团队包含三到九名成员来协调其工作。每个团队的代表会与其他团队代表定期召开会议，可能是每日例会，但通常是一周两次或三次。每日例会的执行方式类似于 Scrum 的每日站会，其中代表将报告已完成的工作、下一步工作设置、任何当前障碍以及可能会阻碍其他团队的潜在未来障碍。其目标是确保团队协调工作并清除障碍，以优化所有团队的效率。

具有多个团队的大型团队可能要求执行 Scrum of Scrum of Scrums，其遵循的模式与 SoS 相同，每个 SoS 代表向更大组织的代表报告，如图 A3-6 所示。

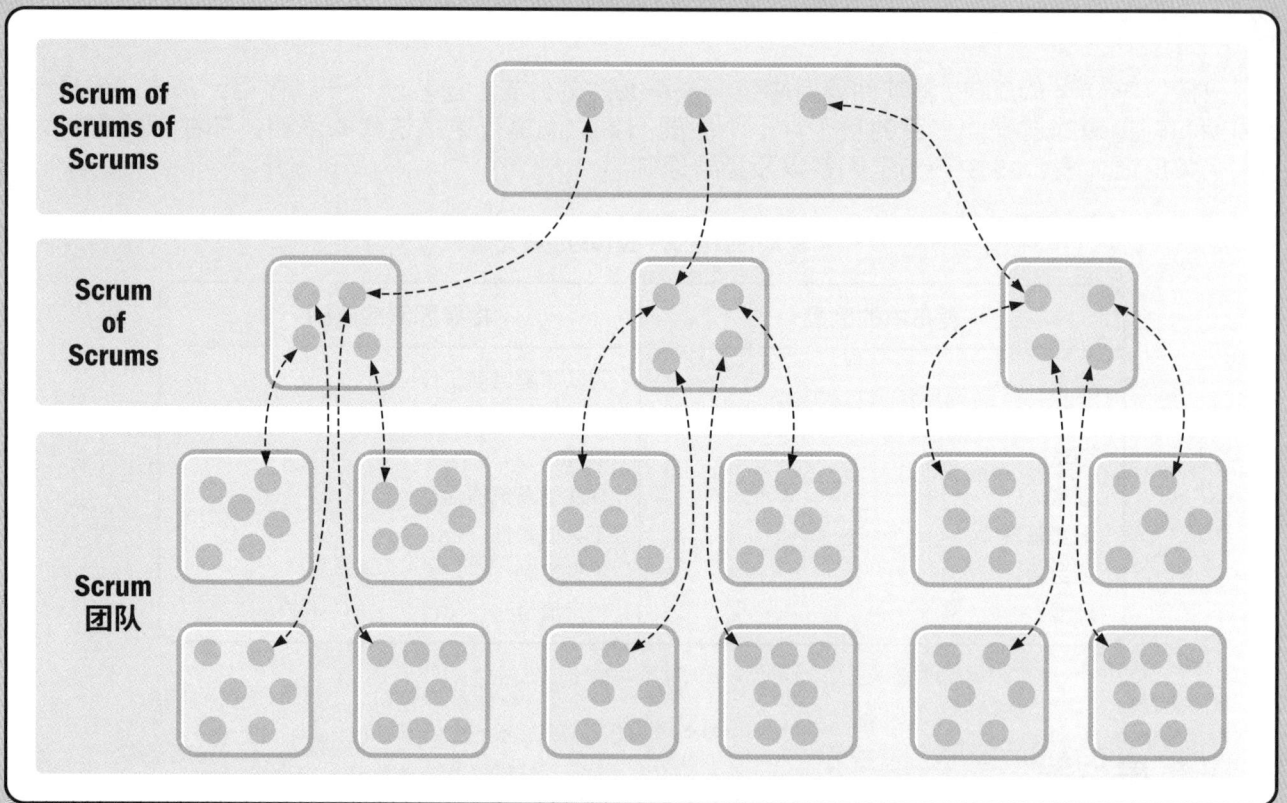

图 A3-6Scrum 团队代表参与 SoS 团队

A3.11 大规模敏捷框架

大规模敏捷框架为企业的所有层级提供知识库来进行大规模开发工作。

SAFe®专注于以下几项原则:

◆ 采用经济视角;

◆ 应用系统思维;

◆ 假设可变性并预留方案;

◆ 以快速整合的学习周期进行增量式构建;

◆ 根据对工作系统的客观评估设定里程碑;

◆ 直观显示并限制在制品，减小批次规模并管理队列长度；

◆ 应用节奏并与跨域规划同步；

◆ 解锁知识员工的内在动力；

◆ 决策分散化。

SAFe® 专注于在项目组合、项目集和团队层详细设定实践、角色和活动，强调围绕专注于向客户提供持续价值的价值流来组织企业。

A3.12 大规模敏捷开发 (LeSS)

大规模敏捷开发 (LeSS) 是一种以扩展 Scrum 方法为共同目标来组织多个开发团队的框架，如图 A3-6 所示。其核心组织原则是尽可能保留传统单个团队 Scrum 模型的元素。这将有助于减少任何模型扩展，避免造成不必要的混乱或复杂性。表 A3-6 显示了 LeSS 与 Scrum 的比较。

表 A3-6LeSS 与 Scrum 的相似性

LeSS 与 Scrum 的相似性	在 Scrum 中添加 LeSS 技术
一个产品待办事项列表 一个所有项目完成的定义 一个可在每个冲刺结束时潜在可交付的产品增量 一名产品负责人 全面的跨职能团队 一个冲刺	冲刺计划分为两个正式部分：冲刺内容和方式 有机跨团队协作 整体跨团队优化 专注于跨团队改进的整体回顾

为扩展 Scrum 而不丢失其精髓，LeSS 鼓励使用某些独特的原则，如系统思维、整体产品专注、透明等。

A3.13 企业 SCRUM

企业 Scrum 是一种旨在通过更整体性组织层而不是单个产品开发层来应用 Scrum 方法的框架。该框架尤其建议组织领导：

◆ 将所有 Scrum 应用扩展到所有组织方面；

◆ 普及 Scrum 技术以便在这些不同的方面轻松应用；

◆ 根据需要使用补充技术扩展 Scrum 方法。

其目的在于通过实现颠覆性创新将敏捷方法扩展到项目执行范围以外。

A3.14 规范敏捷 (DA)

规范敏捷 (DA) 是一种在综合模型中整合多种敏捷最佳实践的过程决策框架。DA 旨在平衡专注范围过于狭窄（如 Scrum）或细节过于规范（如 AgileUP）的流行方法。为实现这种平衡，该方法根据以下原则混合了多种敏捷技术：

◆ **以人为先。** 枚举不同层级的角色和组织元素。

◆ **面向学习。** 鼓励协作改进。

◆ **完全交付生命周期。** 提倡多个符合目的的生命周期。

◆ **目标驱动。** 定制过程以实现特定结果。

◆ **企业意识。** 提供跨部门治理方面的指导。

◆ **可扩展。** 涵盖多种项目复杂性维度。

附录 X1
贡献者和评审

X1.1《敏捷实践指南》核心委员会

以下人员是负责拟定该指南（包括审查和调整评审建议）的项目核心委员会成员。

X1.1.1 项目管理协会代表：

Mike Griffiths, PMP, PMI-ACP（委员会主席）
Jesse Fewell, CST, PMI-ACP
Horia Sluşanschi, PhD, CSM
Stephen Matola, BA, PMP

X1.1.2 敏捷联盟代表：

Johanna Rothman, MS（委员会副主席）
Becky Hartman, PMI-ACP, CSP
Betsy Kauffman, ICP-ACC, PMI-ACP

X1.2 《敏捷实践指南》主题专家评审

以下人员是受邀主题专家，通过 SME 评审审查草案并提供建议。

Joe Astolfi, PMP, PSM

Maria Cristina Barbero, PMI-ACP, PMP

Michel Biedermann, PhD, PMI-ACP

Zach Bonaker

Robert Bulger, PfMP, CSM

Sue Burk

Shika Carter, PMP, PMI-ACP

Lauren Clark, PMP, CSM

Linda M Cook, CSM, CSPO

Pamela Corbin-Jones, PMI-ACP, CSM

Jeff Covert

Alberto Dominguez, MSc, PMP

Scott P. Duncan, CSM, ICP-ACC

Sally Elatta, PMI-ACP, EBAC

Frank R. Hendriks, PMP, PMI-ACP

Derek Huether

Ron Jeffries

Fred Koos

Philippe B. Kruchten, PhD, PEng

Steve Mayner, SPCT4, PMP

Michael S. McCalla, PMI-ACP, CSP

Don B. McClure, PMP, PMI-ACP

Anthony C. Mersino, PMI-ACP, CSP

Kenneth E. Nidiffer, PhD, PMP

Michael C. Nollet, PMP, PMI-ACP

Laura Paton, MBA, PMP

Yvan Petit, PhD, PMP

Dwayne Phillips, PhD, PMP

Piyush Prakash, PMP, Prince2

Dave Prior, PMP, CST

Daniel Rawsthorne, PhD, PMP

Annette D. Reilly, PMP, PhD

Stephan Reindl, PMI-ACP, PMP

Reed D. Shell, PMP, CSP

Cindy Shelton, PMP, PMI-ACP

Teresa Short

Lisa K. Sieverts, PMP, PMI-ACP

Christopher M. Simonek, PMP, CSM

Robert "Sellers" Smith, PMP, PMI-ACP

Ram Srinivasan, PMP, CST

Chris Stevens, PhD

Karen Strichartz, PMP, PMI-ACP

Rahul Sudame, PMI-ACP

Joanna L. Vahlsing, PMP

Erik L. van Daalen

Annette Vendelbo, PMP, PMI-ACP

Dave Violette, MPM, PMP

Anton Vishnyak, PMI-ACP, CSM

Chuck Walrad, MA, MS

X1.3 格式焦点小组

以下人员帮助设计《敏捷实践指南》的新内容样式和格式元素。

Goran Banjanin, PgMP, PMP

Andrew Craig

Cătălin-Teodor Dogaru, PhD, PMP

Jorge Espinoza, PMP

Jennifer M. Forrest, CSM, PMP

Helen Fotos, PMP, PMI-ACP

Dave Hatter, PMP, PMI-ACP

Christopher Healy, PMP

Mike Hoffmann, MBA, PMP

Chadi Kahwaji, PMP

Rajaraman Kannan, PMP, MACS CP

Amit Khanna PMP, PMI–ACP

Ariel Kirshbom, PMI-ACP, CSP

Bernardo Marques, PMP

Noura Saad, PMI-ACP, CSPO

Kurt Schuler, PMP

Demetrius L. Williams, MBA, PMP

Liza Wood

Melody Yale, CSP, SPC4

X1.4 PMI 标准成员顾问组 (MAG)

以下人员是 PMI 标准成员顾问组的成员，他们代表 PMI 为《敏捷实践指南》提供指导并做出最终审批。

Maria Cristina Barbero, PMI-ACP, PMP

Brian Grafsgaard, PMP, PgMP

Hagit Landman, PMP, PMI-SP

Yvan Petit PhD, PMP

Chris Stevens, PhD

Dave Violette, MPM, PMP

John Zlockie, MBA, PMP, PMI 标准经理

X1.5 敏捷联盟® 董事会

以下人员是敏捷联盟® 董事会的成员，他们代表敏捷联盟为《敏捷实践指南》提供指导并做出最终审批。

Juan Banda

Phil Brock （常务董事）

Linda Cook

Stephanie Davis

Ellen Grove

Paul Hammond （主席）

Victor Hugo Germano

Rebecca Parsons （秘书）

Craig Smith

Declan Whelan

X1.6 PMI 支持人员和学术研究支持

以下人员通过 PMI 营销工作支持核心委员会制定并审批该草案并支持格式焦点小组的工作。

Melissa M. Abel，市场营销专员
Karl F. Best，PMP，CStd，标准专家
Alicia C. Burke，MBA，CSM，产品经理，证书管理
Edivandro C. Conforto，博士，敏捷研究 PMI 顾问
Dave Garrett，CSPO，转型副总裁
Erica Grenfell，组织关系副总裁行政助理
M. Elaine Lazar，MA，MA，AStd，项目专家
Andrew Levin，PMP，项目经理
Tim E. Ogline，用户体验设计师
Stephen A. Townsend，网络项目总监
Michael Zarro，博士，UX 研究员

X1.7 PMI 制作人员

Donn Greenberg，出版经理
Kim Shinners，出版制作助理
Roberta Storer，出版编辑
Barbara Walsh，发行出版总监

X1.8 翻译验证志愿者小组

陈连生 PMP, PMI-ACP, PMI-PBA, Agile Scrum Master, Certified Scrum Professional
李秀慧 PMP, ACP, CSM, DevOps Master
刘张宇 MEng, MBA, PMP, PMI-ACP,CSM,P2-P
张曼 PMI-PMP, PMI-ACP, CSM, CSPO, SAFe-SA
钟林峰 PMI-ACP

X1.9 翻译验证委员会

Barbara Walsh 发行出版总监
Margaret Lyons 测试研发者
Stephen Townsend 总监 Network Programs
Vivian Isaak 总裁 Magnum Group, Inc. 翻译公司
Brian Middleton 战略方案经理 Magnum Group, Inc. 翻译公司

附录 X2
影响裁剪的属性

X2.1 简介

本附录提供了有关裁剪敏捷方法的时机和方法的高层级指导。这些信息可用于确定可能会带来变更或引入新技术的情况，同时提供了一些可供考虑的建议。

X2.2 首先应注意的一些事项

裁剪是应由有经验的从业者实施的高级课题，从业者在考虑进行裁剪之前，必须已在前面说明的多种环境下成功使用过敏捷方法。换言之，必须首先积累经验并能够成功利用一种敏捷方法才能尝试裁剪。

尝试采用敏捷实践时，通常会考虑是否要实施该项目。类似于"回顾不受欢迎，因此我们决定放弃"这样的陈述即说明了此问题，并显示了团队中所存在的一种更为基本的问题，这个问题通过裁剪方法是很难解决的。如果忽视旨在改进过程的回顾活动，这种情况将会变得更为糟糕。

Shu-Ha-Ri 技能获取模型说明了从遵守规则（Shu 守表示遵守和保护），到有意识地偏离规则（Ha 破表示变更或离题），最终通过稳定实践和改进找到个人路径（Ri 離表示分离或离开）的进展过程。我们需要首先在 Shu 级开始实践，然后准备转到 Ha 级裁剪过程或 Ri 级创造新的自定义过程。

最后，应与同事或者可能受变更影响的人员合作执行裁剪。这些人员需要参与变更过程的相关思考和决策过程，以执行和支持这些变更活动，确保成功过渡。忽视裁剪过程可能会导致相关人员抗拒这些变更，即使从技术层面来看存在价值。通常有经验的教练或领导可以帮助让相关人员有效参与。

X2.3 如何使用本附录

要想从本附录列出的指南中获益，我们建议首先成功运用所设计的敏捷方法，然后查看表 X2-1 中对应这些情况的裁剪指南并阅读相关建议，接着与将受变更影响的人员进行讨论并达成一套行动计划。

如第 5 章所述，评估变更的理想方式是首先尝试一个或两个迭代，然后再考虑永久采用；或者考虑基于流程的方法以实现某些功能，然后通过回顾和重新评估来进行反思。

一般在人们了解到可进行实验并提供实验反馈时，将更愿意尝试新事物。试用一个时间盒的时间段后，团队应回顾审查的有效性，以确定按现状继续、通过修改改进效果还是放弃使用。

最后成功采用后，即可在具有相同特征的项目标准过程中实施量身定制的方法。另外建议遵从第 5 章中说明如何采用（或裁剪）新方法的指南。

X2.4 裁剪建议

下面列出了在使用裁剪方法之前应考虑的一些良好实践。

X2.4.1 注意清除影响

许多敏捷实践都是具有相互作用的。例如，集中办公和频繁业务对话可以快速弥补理解方面的差异，因此可以降低需求程度。同样，XP 的大量测试可以支持大胆重构，因为各个实践之间是相辅相成的。在清除实践时不去了解或解决其制衡因素，可能会起到反作用。

X2.4.2 使用裁剪指南表

使用表 X2-1 找到匹配特定情况的情形，然后考虑裁剪的建议。与将受变更影响的人员进行讨论并首先计划短暂尝试，然后进行真实跟踪审查，最后再实施变更。

表 X2-1裁剪指南

情况	裁剪建议
大型项目团队	将大项目重建为多个小项目。首先尝试技术实验项目，然后再执行实施项目。 考虑频繁发布较少的功能，以创建较小的项目团队。 考虑将团队裁减到仅包含关键核心成员。通常人员过多会阻碍过程而不会有所助益。缩小团队规模可减少内部动荡和成本。 将大型团队分解为多个小团队，并利用项目管理进行同步和协调。 利用敏捷和精益项目管理来组织大型项目。 考虑 DA、SAFe® 或 LeSS 等大规模敏捷框架或精益框架。每个团队都可提供一些有用的观点，并承担实施风险以及过程压力/成本

表 X2-1裁剪指南（续）

情况	裁剪建议
分散团队	许多项目都会包含（一些）分散团队成员。即时信息、视频会议和团队电子板都有助于确保通讯流畅。 如果团队保持稳定，请尽快构建面对面会议以提高未来远程交流的效率。面对面交流时更容易建立信任感，提高对话质量。 如果在远程会议过程中参与者缺乏面部表情和身体语言交流，请考虑循环提问以确认他们的参与程度以及对决策是否认可。 此外，请考虑使用基于迭代的敏捷方法。如果团队成员所在时区差别较大，请避免使用整个项目迭代方式，而是鼓励开展更多更频繁的私人会议（每次两到三个人）
某些安全关键型产品可能需要当前敏捷过程所建议的其他文档及合规性检查	在这些环境中仍可使用敏捷方法，但还需要该领域所要求的其他相应的合规性审查、文档和认证。在这种情况下，文档可能需要随已完成的功能一起交付。只有文档完成后功能才算完成。 考虑使用混合方法（多种敏捷方法），按照产品环境所要求的更高严格程度，从敏捷所带来的协作和沟通改善中获得益处。航空飞行系统开发商和药物公司采用敏捷方法并结合自己的其他过程，充分利用这些优势并保留了相应的控制权
稳定需求和执行过程	是否真正需要敏捷方法？如果需求不确定性较低、变更速度缓慢，或者执行风险很小，则可能不需要整套敏捷方法。尽管协作和透明程度提高对任何项目都有益处，但某些迭代构建和审查周期可能会是多余的。 如果构建/反馈周期无法定期发现或优化需求，请考虑延长其持续时间以减少审查时间对成本的影响。 如果项目在设计和开发期间的变更速度极快，但向客户交付是一个确定性的可重复的过程，在每个项目阶段采用相应生命周期模型的混合方法可能更有意义
团队位于职能型组织内的职能孤岛中	敏捷是基于跨职能团队的理念。考虑让这些员工自行创建跨职能团队，而不采取管理干预手段，并了解其后果。 如果能够通过组织报酬系统认可职能领域并给予奖励，请考虑首先变更该系统。除非对自己的报酬有一定影响，员工才会为产品或团队的利益行事

情况	裁剪建议
透明会产生恐惧	敏捷将会创建透明文化：员工会在整个开发期间展示和分享其成果。这种分享中间可交付成果的方式以及对成败得失和当前状态的开诚布公的态度即反映了透明化。透明需要勇气。 通过使用状态板或白板，示范引导并在决策过程中展示透明化
许多团队成员缺乏技术领域知识	敏捷方法将会提高团队的主动性并发挥其优势，做出工作内容相关的本地决策，例如任务安排顺序以及在解决问题时采用哪种方法。如果大多数团队成员经验不足，基于共识的方法可能会产生问题并导致返工。因此，对于这些团队来说，在获取必要技能之前，一些"分配"和"指导"方面的额外帮助可能是必需的。换言之，不要盲目地采用敏捷方法，授权经验不足的自指导团队尝试解决一切问题。考虑构建能力中心以帮助提供指导并积累领域知识
缺乏管理层支持	如果缺乏管理层支持，团队将会在敏捷思维模式和方法与更具预测性的思维模式和方法之间遇到冲突。 根据组织需求找到共同点和改进之处，然后利用实验和回顾取得进展。 考虑管理层教育/培训。考虑从精益思维方面解释敏捷：周期短、规模小、频繁审查、回顾与小幅改进
敏捷术语和语言不适合组织文化	如果不是敏捷语言，就修改术语，让员工了解并同意这些活动。说明每个术语的特定含义 例如，如果组织认为"游戏"一词不够专业，请勿使用类似于"计划游戏"这样的术语，而是考虑使用"计划研讨会"这样的术语

附录 X3
敏捷适用性筛选工具

X3.1 简介

敏捷文献包含许多敏捷适用性筛选工具，可帮助评估敏捷方法所适用的环境。1994 年，动态系统开发方法 (DSDM) 开发了敏捷项目适用性问卷调查和组织适用性问卷调查来帮助衡量可能适合的领域和潜在的问题。

水晶方法家族还利用了适用性标准，根据团队规模以及所开发产品或服务的关键性来对项目排序。水晶方法建议，较小的不太关键的项目应采用简单的方法并实施较弱的控制。大型任务或生命关键型项目建议使用更高的严格程度和验证级别。

这些方法被开发出来之后，又创建了许多模型来确定利用敏捷方法的时间和地点。Boehm 和 Turner 采用 DSDM 和水晶方法中的一些元素开发了一种流行的评估模型，以帮助确定采用敏捷还是更传统的方法来实施项目。

根据这些以前的模型且需要通过扩展来考虑混合方法的中间情况，建议采用以下模型。其中包括多种适用性筛选属性，可帮助组织评估和讨论采用预测、混合还是敏捷方法来实施项目。

X3.2 模型概述

根据三种主要类别评估组织和项目属性：

◆ **文化。**是否具有支持该方法并已建立信任的团队环境？

◆ **团队。**适当规模的团队是否能在采取敏捷后获得成功？成员是否能够获取成功所需的技术以及业务代表联系渠道？

◆ **项目。**变更速度极快？增量交付可行？项目关键性如何？

回答这些类别的问题，然后将结果绘制在雷达图中。图中心的值表示非常适合敏捷方法。外围结果表示预测法可能更适合。中间部分（敏捷和预测之间）的值表示混合方法可能会奏效。示例见图 X3-1。

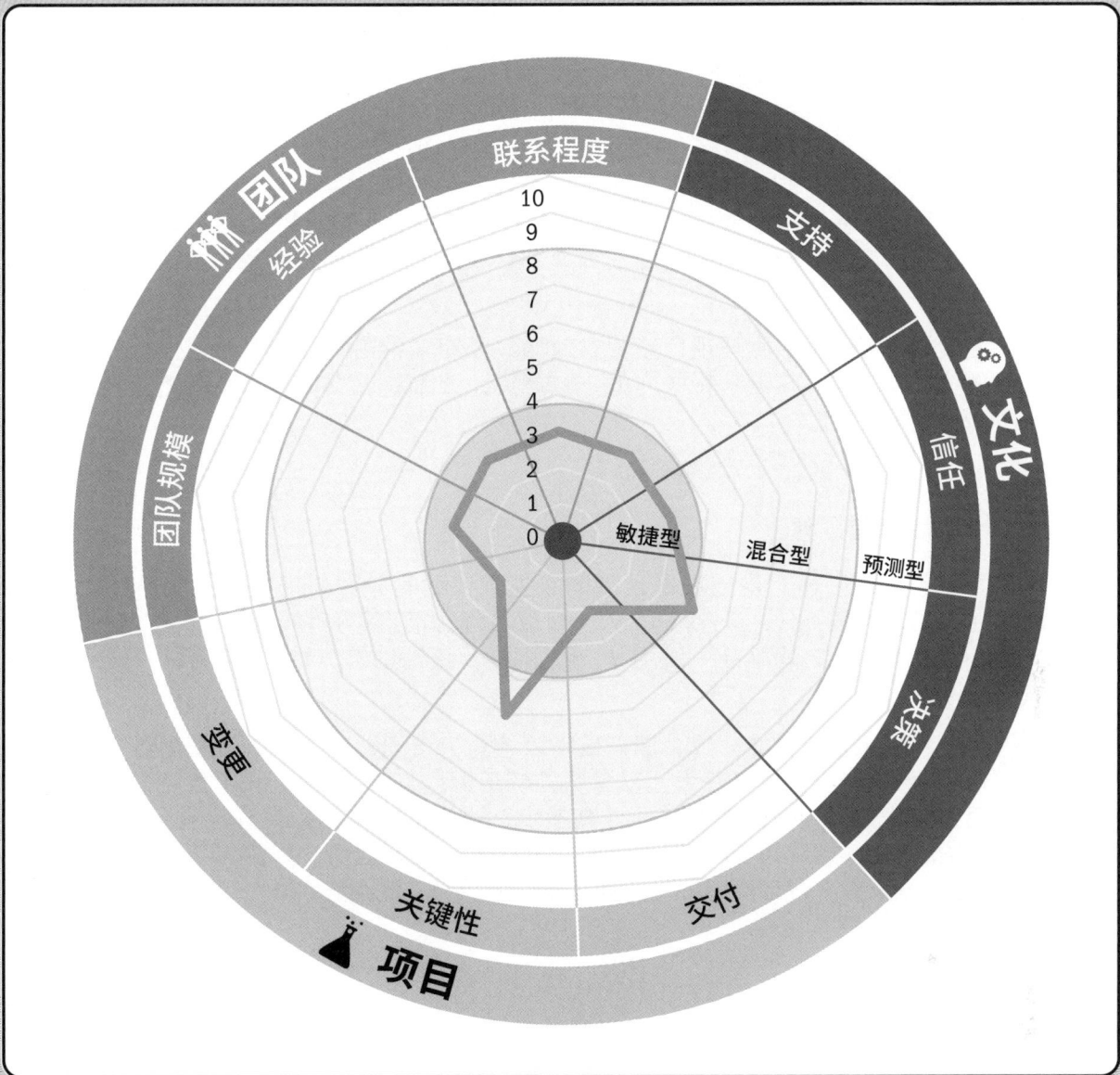

图 X3-1 敏捷方法适用性模型

X3.3 使用说明

X3.3.1 分组完成问卷调查

对于小型项目，该小组可能仅包含发起人、技术领导和客户。对于大型项目，这可能包含发起人小组、项目执行团队、受影响的业务组、项目治理组和客户社区的代表。原则是，如果仅代表个人观点并具有个人偏见，没有一个相关方应估算或规划项目；如果有人持有局限性偏见，没有人应评估方法的适用性。

此外，该工具的价值在于鼓励与项目投资方对话。即使结果指向混合方法，但相关方希望主要采用敏捷或预测法继续进展，请遵从相关方的一致意见。该工具仅支持高层级诊断，最终决策应取决于相关方并应得到其支持。

X3.3.2 从 1 到 10 给问题打分

分组讨论并同意（或妥协）最能准确反映问题主观评估的分数。仅在回答的开始、中间和结束点提供确定性方案，代表 1 分、5 分和 10 分，可以（理想情况下）在"差不多选 1，但不绝对"处使用 2 分或在"5 与 10 之间某处"使用 7 分。同样，该评估是一种讨论工具——观点是主观性的，可能没有准确的答案。

如果小组在得分方面无法达成一致，请开诚布公地讨论该问题。在建议妥协分数（即使用平均分或在 PMO 分数处标记蓝色 "X"并在开发团队分数处标记绿色 "0"）之前，请考虑下既然参与者无法在简单评估方面达成一致，项目的成功可能性有多少？讨论问题时，如果确定意见不同——很好，这很正常；现在达成一致意见。同样，如果评估结果是预测法，但每个人都希望尝试敏捷方法（反之亦然）——也很好，只需了解下问题并讨论如何处理该方法的影响。

X3.3.3 解释结果

在空白适应性评估图上标记问题答案，然后连接分数。集聚在敏捷区域中心的结果表示非常适合完全敏捷方法。

主要位于混合区域的结果表示结合使用敏捷和预测法可能最有效。但是，可能需要在敏捷方法中采取一些其他的降低风险措施才能满足需求，如增加教育和培训或在高关键性项目中提高验证级别和文档严格程度。或者，在预测法中添加一些概念验证工作或过程可能会奏效。

主要位于预测区域的结果表示非常适合完全预测法。如 X3.3.2 节所述（给问题打分步骤），该诊断工具旨在与受影响方开始针对最合适使用方法的有意义对话。如果不能接受该工具所建议的方法，允许使用不同的方法。使用这些结果作为风险管理过程的输入，因为该工具会显示将需要管理的不匹配情况。

X3.4 适应性筛选问题

X3.4.1 类别：文化

X3.4.1.1 支持方法

高级发起人是否了解并支持在该项目中使用敏捷方法？请参见图 X3-2。

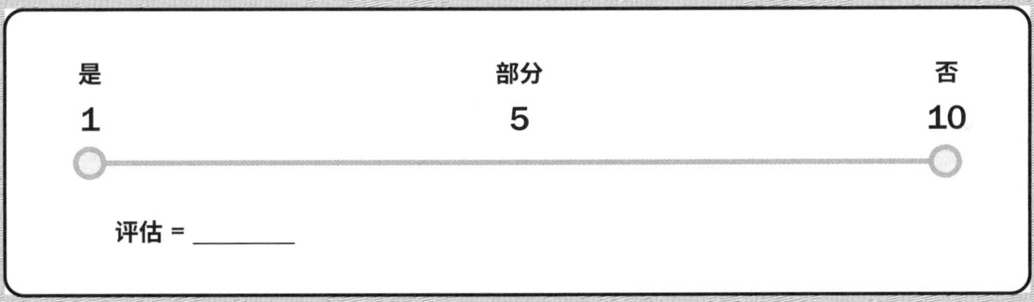

是	部分	否
1	5	10

评估 = _____

图 X3-2支持方法评估

X3.4.1.2 团队信任度

考虑与团队合作的发起人和业务代表的态度。相关方确信凭借持续支持和双方反馈，团队能够将其愿景和需求转换为成功产品或服务？请参见图 X3-3。

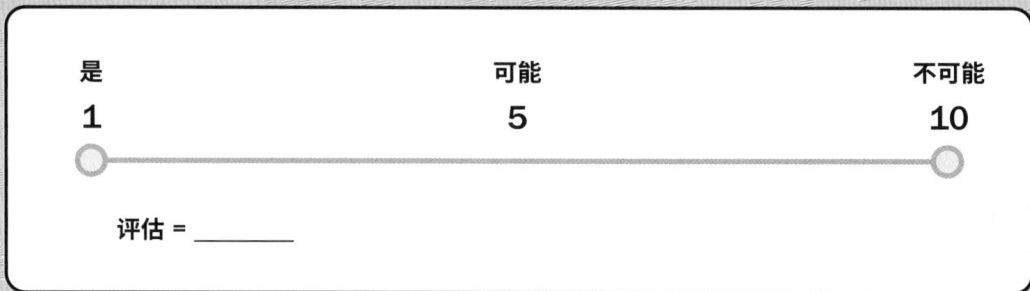

是	可能	不可能
1	**5**	**10**

评估 = _____

图 X3-3团队信任度评估

X3.4.1.3 团队决策能力

团队是否可以自主做出有关如何实施工作方面的本地决策？请参见图 X3-4。

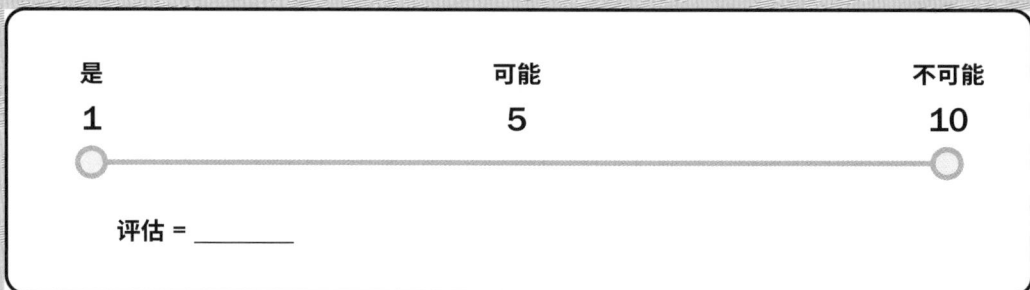

是	可能	不可能
1	**5**	**10**

评估 = _____

图 X3-4团队决策能力评估

X3.4.2 类别：团队

X3.4.2.1 团队规模

核心团队的规模是多少？使用该量表：1~9 = 1；10~20 = 2；21~30 = 3；31~45 = 4；46~60 = 5；61~80 = 6；81~110 = 7；111~150 = 8；151~200 = 9；201+ = 10。请参见图 X3-5。

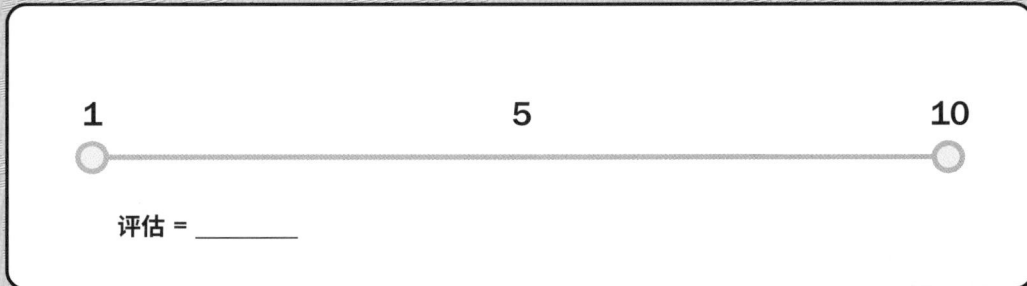

1	5	10

评估 = ＿＿＿＿＿＿＿

图 X3-5团队规模评价

X3.4.2.2 经验水平

考虑核心团队角色的经验和技能水平。角色中人员经验水平参差不齐是很正常的，这对顺利开展敏捷项目没有影响；但每个角色中至少应有一名有经验的人员，这会更容易开展工作。请参见图 X3-6。

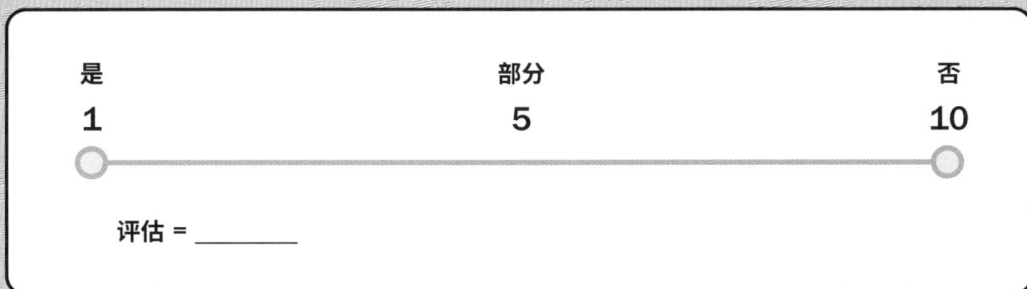

是	部分	否
1	5	10

评估 = ＿＿＿＿＿＿＿

图 X3-6经验水平评估

X3.4.2.3 客户/业务联系

团队每天是否能联系到至少一名业务/客户代表以询问问题和获取反馈？请参见图 X3-7。

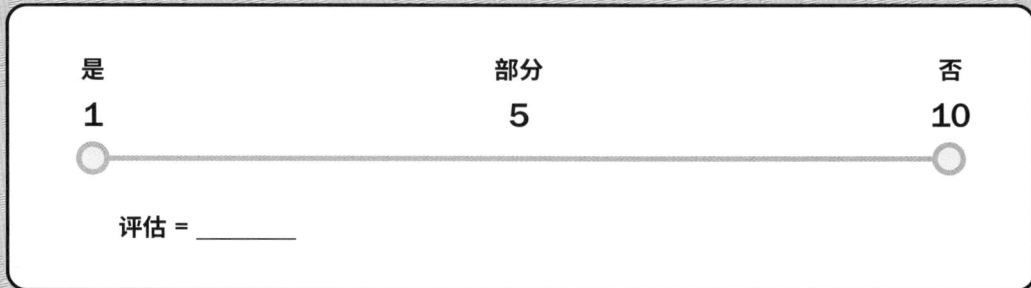

图 X3-7客户/业务联系评估

X3.4.3 类别：项目

X3.4.3.1 变更可能性

每月需求变更或发现新需求的可能性是多少？请参见图 X3-8。

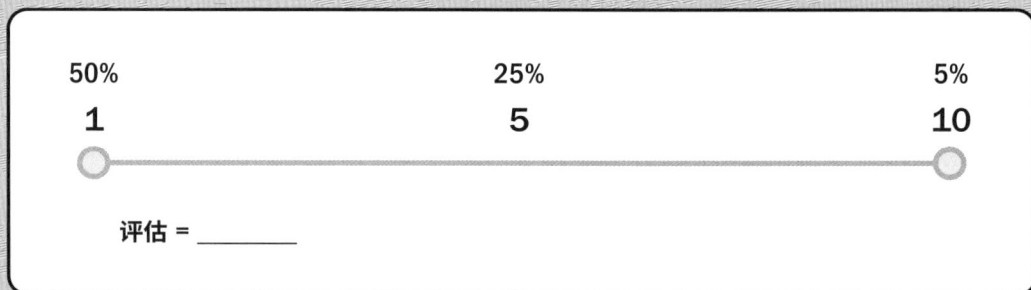

图 X3-8变更可能性评估

X3.4.3.2 产品或服务关键性

要帮助确定其他验证级别和文档严格程度需求，请评估正在构建的产品或服务的关键性。使用评估时，考虑因可能的缺陷导致的损失，确定失败可能的后果。请参见图 X3-9。

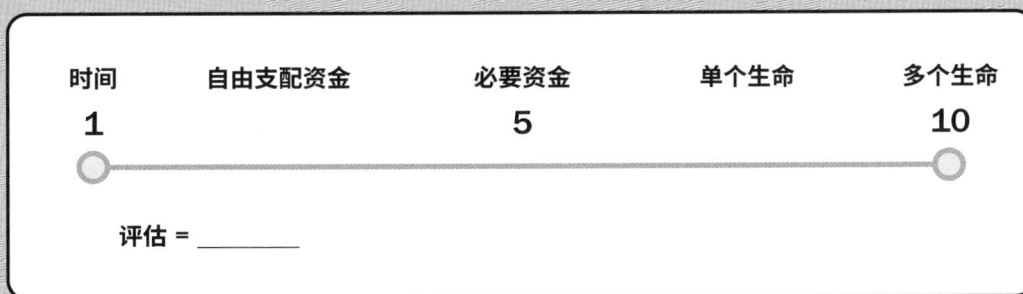

图 X3-9产品或服务关键性评估

X3.4.3.3 增量交付

产品或服务是否能够按比例构建和评估？此外，业务或客户代表是否能够及时提供所交付增量方面的反馈？请参见图 X3-10。

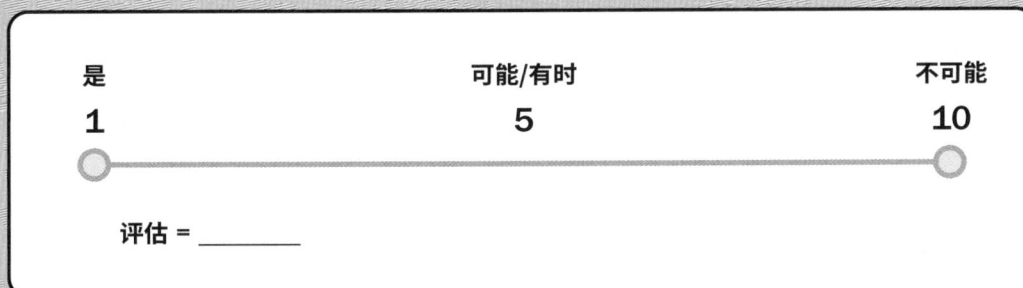

图 X3-10增量交付评估

X3.5 适用性评估图表

图 X3-11 是适用性评估所使用的雷达图。

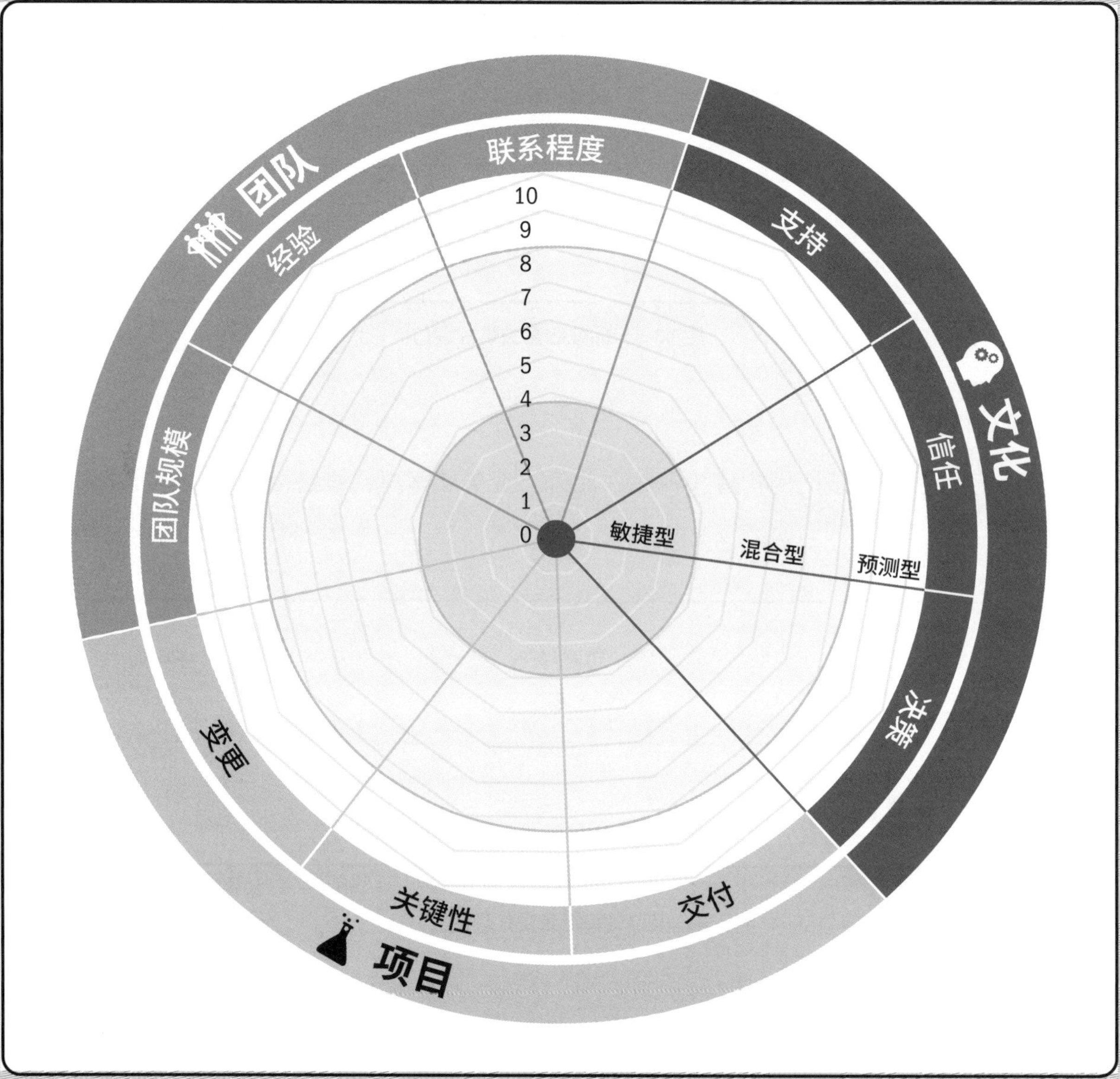

图 X3-11适用性评估雷达图

X3.5.1 案例研究

为了说明雷达图的工作原理，下面提供了两个使用该模型为不同项目类型打分的示例。第一个是在线药店项目示例（请参见图 X3-12），第二个（图 X3-13）是军事信息系统示例。这两个案例研究说明了项目中存在的一些差异。中心集群表示非常适合敏捷方法，外围分数表示预测法可能更适合。某些项目位于中心但延伸出一个或两个轴，这些项目可以采用混合方法解决。

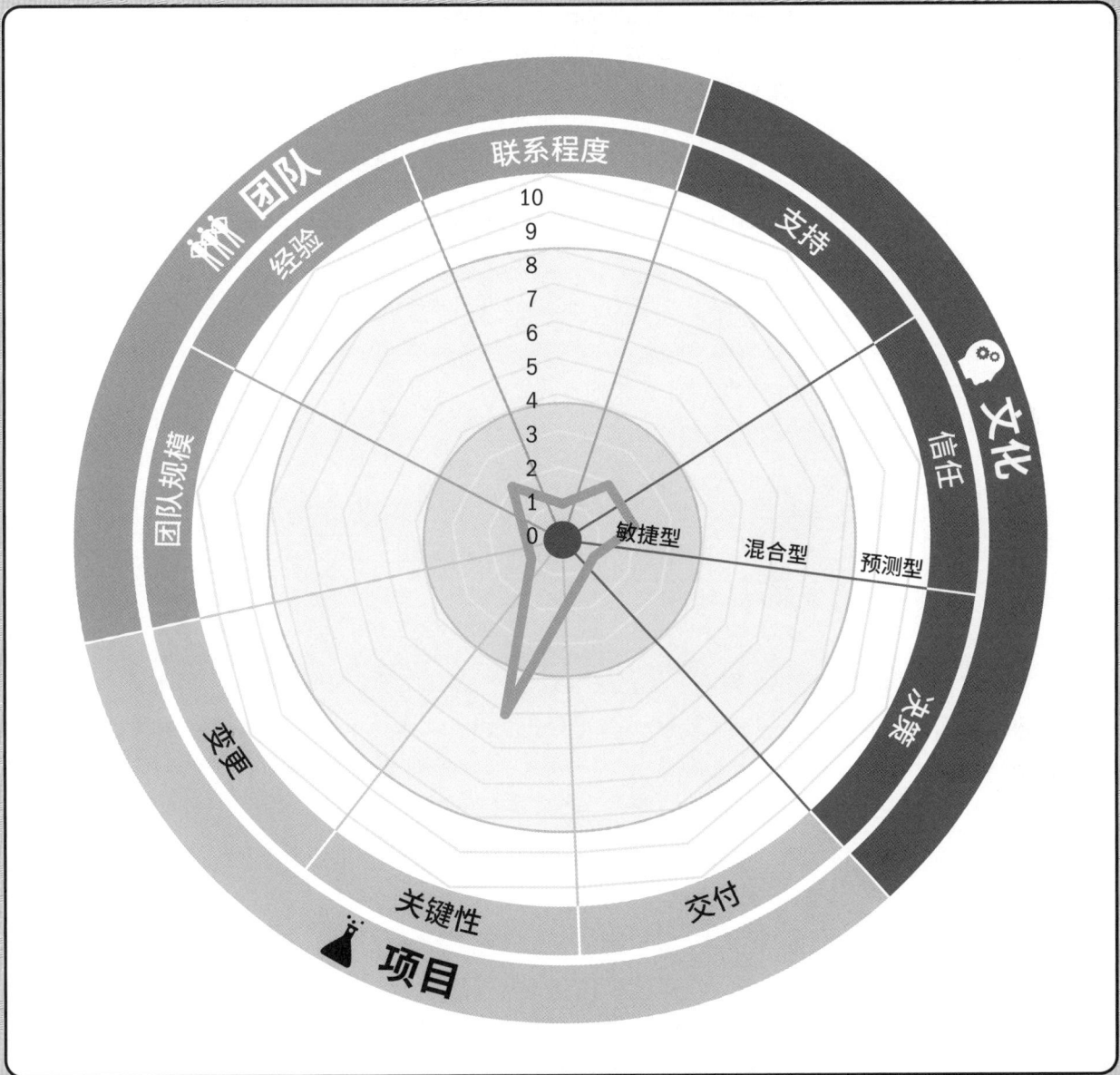

图 X3-12药店项目

X3.5.1.1 药店示例

该项目的目的是开发一个能向（主要）美国客户销售便宜的加拿大处方药的在线药店。这些药品销售在加拿大和美国都存在争议，因此该行业的特点是规范变化极快且竞争激烈。该项目面临非常易变的需求，每周都会发生重大变更，因此采用较短（2 天）迭代和每周发布方法来解决变更速度极快问题。

如图 X3-12 所示，对于那些被赋权的团队，高层级的支持和信任是显而易见的。网站的可视化特点可以方便显示新的增量功能，但由于必要的药品资金面临风险，系统关键性很高。如上所述，该项目变更速度极快，但小型有经验的团队可以很好地处理这一点，并可轻松联系到善于解决问题的业务代表。该方法非常成功和敏捷。

X3.5.1.2 军事信息系统示例

对比第一个示例与大型项目来开发军事信息系统，在评估时该系统已运行 5 年。请参见图 X3-13。

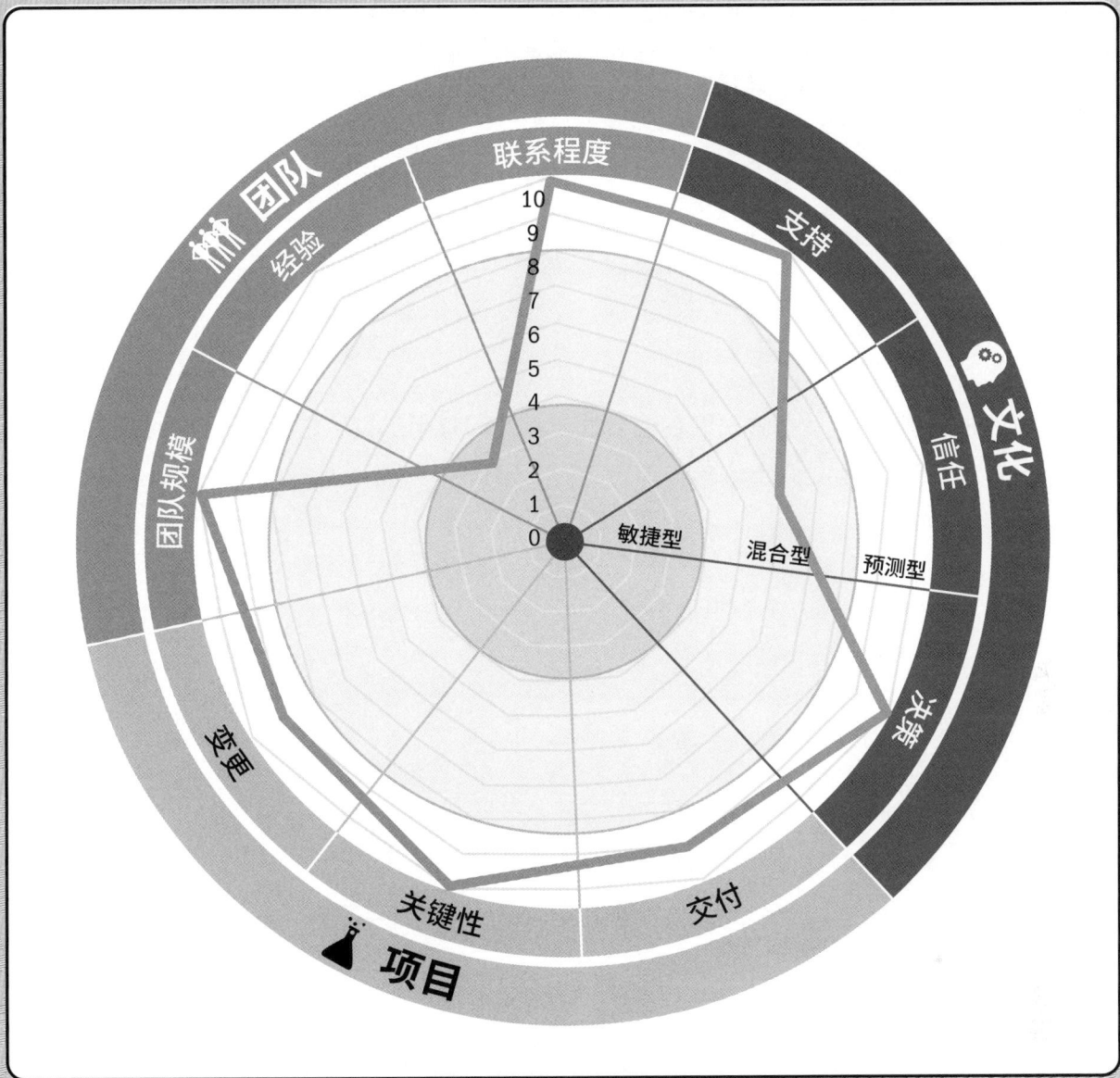

图 X3-13军事信息系统示例

该项目缺乏敏捷方法支持，组织未考虑采用敏捷方法。对供应商的信任程度不同，但基本保持尊重。决策不是通过本地完成，而是由架构和需求委员会确定。尽管可以在实验室增量测试设计元素，但无法收集到一起进行端到端功能演示。许多生命可能处于危险之中，因此关键性很高。因为变更会影响许多转包商组织，所以需求被锁定。

该项目很大，一家供应商便超过 300 人，但每个角色都拥有许多有经验的从业者。最后，与业务/客户代表联系是不可能的，但可以向合同分析师询问规范问题，他们通常会在 10 日内回复或澄清问题。可以分割部分项目并将其作为敏捷项目，但该举措的核心是单个大型项目。

X3.6 总结

敏捷适应性筛选是确定敏捷方法潜在适合性与差距的有用工具。它们不能作为确定性的包含或排除关口，而是作为可与所有关注方进行客观讨论的主题。

参考文献

[1] *Manifesto for Agile Software Development.* (2001). Retrieved from http://agilemanifesto.org/.

[2] Project Management Institute. 2013.《组织变革管理 实践指南》. Newtown Square, PA: 作者.

[3] Project Management Institute. 2017.《项目管理知识体系指南》（《PMBOK® 指南》）-第六版. Newtown Square, PA: 作者.

[4] Project Management Institute. 2013. *Software Extension to the PMBOK® Guide Fifth Edition.* Newtown Square, PA: 作者.

参考书目

以下是建议的其他阅读材料，按章节和/或主题进行划分：

第 2 章—敏捷概述

Briggs, Sara. "敏捷型学习：什么是敏捷型学习？它将怎样推动教育变革？" *Opencolleges.edu.au* 2014 年 2 月 22 日，检索自 http://www.opencolleges.edu.au/informed/features/agile-based-learning-what-is-it-and-how-can-it-change-education/.

Manifesto for Agile Software Development, 2001, http://agilemanifesto.org/.

Peha, Steve. "Agile Schools: How Technology Saves Education (Just Not the Way We Thought it Would)." InfoQ. 2011 年 6 月 28 日，检索自 https://www.infoq.com/articles/agile-schools-education.

Principles behind the Agile Manifesto, 2001, http://agilemanifesto.org/principles.html.

Rothman, Johanna. 2007. *Manage It! Your Guide to Modern, Pragmatic Project Management.* Raleigh: Pragmatic Bookshelf.

Sidky, Ahmed (Keynote). 2015. https://www.slideshare.net/AgileNZ/ahmed-sidky-keynote-agilenz.

Stacey Complexity Model. 2016. http://www.scrum-tips.com/2016/02/17/stacey-complexity-model/.

第 3 章—生命周期选择

"Agile Modeling (AM) Home Page: Effective Practices for Modeling and Documentation," *Agile Modeling*，（未注明日期），http://www.agilemodeling.com/.

Anderson, David, and Andy Carmichael. 2016. *Essential Kanban Condensed.* Seattle: Blue Hole Press.

Anderson, David. 2010. *Kanban: Successful Evolutionary Change for Your Technology Business.* Seattle: Blue Hole Press.

Benson, Jim, and Tonianne DeMaria Barry. 2011. Personal Kanban: *Mapping Work | Navigating Life.* Seattle: Modus Cooperandi Press.

Burrows, Mike. 2014. *Kanban from the Inside: Understand the Kanban Method, connect it to what you already know, introduce it with impact.* Seattle: Blue Hole Press.

Domain Driven Design Community. 2016. http://dddcommunity.org/.

Gothelf, Jeff, and Josh Seiden. 2016. *Lean UX: Designing Great Products with Agile Teams.* Sebastopol: O'Reilly Media.

Hammarberg, Marcus, and Joakim Sunden. 2014. *Kanban in Action.* Shelter Island: Manning Publications.

"Kanban," *Wikipedia,* 2017 年 5 月 4 日最后更新，2016 年 11 月 22 日检索自 https://en.wikipedia.org/wiki/Kanban.

"Kanban *(development),*" Wikipedia，2017 年 5 月 4 日最后更新，2016 年 11 月 29 日检索自 https://en.wikipedia.org/wiki/Kanban_(development).

Larsen, Diana, and Ainsley Nies. 2016. *Liftoff: Start and Sustain Successful Agile Teams.* Raleigh: Pragmatic Bookshelf.

"Learning Kanban," *Leankit*，（未注明日期），https://leankit.com/learn/learning-kanban/.

Leopold, Klaus, and Siegrfried Kaltenecker. 2015. *Kanban Change Leadership: Creating a Culture of Continuous Improvement.* Hoboken: Wiley.

"Make a big impact with software products and projects!" *Impact Mapping*，（未注明日期），https://www.impactmapping.org/.

Patton, Jeff, and Peter Economy. 2014. *User Story Mapping: Discover the Whole Story, Build the Right Product.* Sebastopol: O'Reilly Media.

Reinertsen, Donald. 2009. *The Principles of Product Development Flow: Second Generation Lean Product Development.* Redondo Beach: Celeritas Publishing.

Rothman, Johanna. "Dispersed vs. Distributed Teams," *Rothman Consulting Group, Inc.,* 2010 年 10 月 25 日，http://www.jrothman.com/mpd/2010/10/dispersed-vs-distributed-teams/.

Schwaber, Ken, and Jeff Sutherland. "The Scrum Guide™," *Scrum.org*，2016 年 7 月，http://www.scrumguides.org/scrum-guide.html 和 http://www.scrumguides.org/docs/ scrumguide/v2016/2016-Scrum-Guide-US.pdf#zoom=100.

Skarin, Mattias. 2015. *Real-World Kanban: Do Less, Accomplish More with Lean Thinking.* Raleigh: Pragmatic Bookshelf.

"The High Cost of Multitasking: 40% of Productivity Lost by Task Switching," *Wrike.com*，2015 年 9 月 24 日，https://www.wrike.com/blog/high-cost-of-multitasking-for-productivity/.

Wells, Don. "Extreme Programming: A Gentle Introduction," *Extreme Programming*，2013 年 10 月 8 日，http://www.extremeprogramming.org/.

第 4 章—实施敏捷：

Amabile, Teresa, and Steven Kramer. 2011. *The Progress Principle: Using Small Wins to Ignite Joy, Engagement, and Creativity at Work.* Boston: Harvard Business Review Press.

"Early Warning Signs of Project Trouble—Cheat Sheet," 2017 年，https://agilevideos.com/wp-content/uploads/2017/02/WarningSignsOfProjectTrouble-CheatSheet.pdf.

Dweck, Carol. 2006. *Mindset: The New Psychology of Success.* New York: Penguin Random House.

Kaner, Sam. *Facilitator's Guide to Participatory Decision-Making.* 3rd ed. 2014. San Francisco: Jossey-Bass.

Keith, Kent. *The Case for Servant Leadership.* 2008. Westfield: Greenleaf Center for Servant Leadership.

Rothman, Johanna. 2016. *Agile and Lean Program Management: Scaling Collaboration Across the Organization.* Victoria, British Columbia: Practical Ink.

Rothman, Johanna. "Dispersed vs. Distributed Teams," *Rothman Consulting Group, Inc.,* 2010 年 10 月 25 日，http://www.jrothman.com/mpd/2010/10/dispersed-vs-distributed-teams/.

Rothman, Johanna. 2007. *Manage It! Your Guide to Modern, Pragmatic Project Management.* Raleigh: Pragmatic Bookshelf.

Rothman, Johanna. 2016. *Manage Your Project Portfolio: Increase Your Capacity and Finish More Projects.* Raleigh: Pragmatic Bookshelf.

Schwaber, Ken, and Jeff Sutherland. "The Scrum Guide™," *Scrum.org*，2016 年 7 月，http://www.scrumguides.org/scrum-guide.html 和 http://www.scrumguides.org/docs/scrumguide/v2016/2016-Scrum-Guide-US.pdf#zoom=100.

Sinek, Simon. 2011. *Start with Why: How Great Leaders Inspire Everyone to Take Action.* New York: Portfolio, Penguin Random House.

"The High Cost of Multitasking: 40% of Productivity Lost by Task Switching," *Wrike.com*，2015 年 9 月 24 日，https://www.wrike.com/blog/high-cost-of-multitasking-for-productivity/.

体验报告：

"Experience Reports," *Agile Alliance*，（未注明日期），https://www.agilealliance.org/resources/experience-reports/。

项目和团队健康状况：

"Early Warning Signs of Project Trouble—Cheat Sheet." 2017. https://agilevideos.com/wp-content/uploads/2017/02/WarningSignsOfProjectTrouble-CheatSheet.pdf

"TeamHealth Radar – Summary View," *Agilehealth.* 2014. http://agilityhealthradar.com/wp-content/uploads/2014/11/bigradar.gif.

资源利用效率:

Modig, Niklas, and Pär Åhlström. 2015. *This is Lean: Resolving the Efficiency Paradox.* London: Rheologica Publishing.

Rothman, Johanna. "Resource Efficiency vs. Flow Efficiency, Part 5: How Flow Changes Everything," *Rothman Consulting Group, Inc.*, 2015 年 9 月 20 日, http://www.jrothman.com/mpd/agile/2015/09/resource-efficiency-vs-flow-efficiency-part-5-how-flow-changes-everything/.

扩展:

Disciplined Agile 2.X—A Process Decision Framework. 2016. http://www.disciplinedagiledelivery.com/.

Kniberg, Henrik. "Scaling Agile @ Spotify with Tribes, Squads, Chapters & Guilds," *Crisp*,2012 年 11 月 14 日, http://blog.crisp.se/2012/11/14/henrikkniberg/scaling-agile-at-spotify.

"Overview—Large Scale Scrum," *LeSS.* 2016. http://less.works/.

"SAFe® for Lean Software and System Engineering," *SAFe®.* 2016. http://www.scaledagileframework.com/.

技能:

Beck, Kent. *Paint Drip People*,2016 年 8 月 4 日,https://www.facebook.com/notes/kent-beck/paint-drip-people/1226700000696195/。

"Generalizing Specialists: Improving Your IT Career Skills," *Agile Modeling,* (n.d.), http://www.agilemodeling.com/essays/generalizingSpecialists.htm.

Hunter, Brittany. "Of Software Designers & Broken Combs," *Atomic Object,* June 27, 2013, https://spin.atomicobject.com/2013/06/27/broken-comb-people/.

第 5 章—实施敏捷:在敏捷环境中交付

Larsen, Diana, and Ainsley Nies. 2016. *Liftoff: Start and Sustain Successful Agile Teams.* Raleigh: Pragmatic Bookshelf.

回顾:

Derby, Esther, and Diana Larsen. 2006. *Agile Retrospectives: Making Good Teams Great.* Raleigh: Pragmatic Bookshelf.

Gonçalves, Luis, and Ben Linders. 2015. *Getting Value out of Agile Retrospectives: A Toolbox of Retrospective Exercises.* Victoria, British Columbia: Leanpub.

待办事项列表：

Adzic, Gojko, Marjory Bissett, and Tom Poppendieck. 2012. *Impact Mapping: Making a Big Impact with Software Products and Projects.* Woking, Surrey: Provoking Thoughts.

Patton, Jeff, and Peter Economy. 2014. *User Story Mapping: Discover the Whole Story, Build the Right Product.* Sebastopol: O'Reilly Media.

Rothman, Johanna. "We Need Planning; Do We Need Estimation?" *Rothman Consulting Group, Inc.*，2015 年 1 月 21 日，http://www.jrothman.com/mpd/project-management/2015/01/we-need-planning-do-we-need-estimation/.

站会：

Brodzinski, Pawel. "Effective Standups around Kanban Board," *Brodzinski.com*，2011 年 12 月 30 日，http://brodzinski.com/2011/12/effective-standups.html.

Fowler, Martin. "It's Not Just Standing Up: Patterns for Daily Standup Meetings," *Martinfowler.com*，2016 年 2 月 21 日，http://martinfowler.com/articles/itsNotJustStandingUp.html.

Hefley, Chris. "How to Run Effective Standups and Retrospectives," *Leankit*，2014 年 9 月 15 日，https://leankit.com/blog/2014/09/run-effective-standups-retrospectives/.

挣值：

Griffiths, Mike. "A Better S Curve and Simplified EVM," *Leading Answers*，2008 年 6 月 6 日，http://leadinganswers.typepad.com/leading_answers/2008/06/a-better-s-curve-and-simplified-evm.html.

第 6 章—关于项目敏捷性的组织考虑因素

Bankston, Arlen, and Sanjiv Augustine. *Agile Team Performance Management: Realizing the Human Potential of Teams*，2010 年 6 月 14 日，www.lithespeed.com/transfer/Agile-Performance-Management.pptx.

Browder, Justin, and Brian Schoeff. *Perfect Strangers: How Project Managers and Developers Relate and Succeed.* CreateSpace Independent Publishing Platform, 2016, https://www.createspace.com/.

Griffiths, Mike. "Agile Talent Management," *Leading Answers*，2015 年 10 月 14 日，http://leadinganswers.typepad.com/leading_answers/2015/10/agile-talent-management.html.

Kohn, Alfie. 1999. *Punished by Rewards: The Trouble with Gold Stars, Incentive Plans, A's, Praise, and Other Bribes.* New York: Mariner Books.

Mar, Kane. "How to do Agile Performance Reviews," *Scrumology*，（未注明日期），https://scrumology.com/how-to-do-agile-performance-reviews/。

McChrystal, Stanley, Tantum Collins, David Silverman, and Chris Fussell. 2015. *Team of Teams: New Rules of Engagement for a Complex World.* New York: Portfolio, Penguin Random House.

Pink, Daniel. 2011. *Drive: The Surprising Truth About What Motivates Us.* New York: Riverhead Books.

第 7 章—行动呼吁（没有调整的检查是徒劳的）

Dennis, Pascal. 2006. *Getting the Right Things Done: A Leader's Guide to Planning and Execution.* Cambridge: Lean Enterprise Institute.

Griffiths, Mike. "Introducing Agile Methods: Mistakes to Avoid—Part 3," *Leading Answers*，2007 年 3 月 15 日，http://leadinganswers.typepad.com/leading_answers/2007/03/introducing_agi_2.html。

Little, Jason. *Lean Change Management: Innovative Practices for Managing Organizational Change.* Happy Melly Express, 2014, http://www.happymelly.com/category/hm-express/.

Rising, Linda, and Mary Lynne Manns. 2004. *Fearless Change: Patterns for Introducing New Ideas.* Upper Saddle River: Addison-Wesley Professional.

"The IDEAL Model," *Software Engineering Institute, Carnegie Mellon*，2006 年，http://www.sei.cmu.edu/library/assets/idealmodel.pdf.

附录 A1—《PMBOK®指南》映射

Larsen, Diana and Ainsley Nies. 2016. *Liftoff: Start and Sustain Successful Agile Teams.* Raleigh: Pragmatic Bookshelf.

附录 A2—《敏捷宣言》映射

Manifesto for Agile Software Development, 2001, http://agilemanifesto.org/.

Principles behind the Agile Manifesto, 2001, http://agilemanifesto.org/principles.html.

附录 A3—敏捷和精益框架概述

Agile Business Consortium, 2014, https://www.agilebusiness.org/what-is-dsdm.

Ambler, Scott. "The Agile Unified Process," *Ambysoft*，2006 年 5 月 13 日，http://www.ambysoft.com/unifiedprocess/agileUP.html.

Anderson, David. 2010. *Kanban: Successful Evolutionary Change for Your Technology Business.* Seattle: Blue Hole Press.

Beedle, Mike. *Enterprise Scrum: Executive Summary: Business Agility for the 21st Century*，2017 年 1 月 7 日，http://www.enterprisescrum.com/enterprise-scrum/.

Cockburn, Alistair. 2004. *Crystal Clear: A Human-Powered Methodology for Small Teams.* Upper Saddle River: Pearson Education.

Cockburn, Alistair. "Crystal Methodologies," *alistair.cockburn.us*，2014 年 3 月 28 日，http://alistair.cockburn.us/Crystal+methodologies.

Disciplined Agile 2.X—A Process Decision Framework, 2016, http://www.disciplinedagiledelivery.com/.

Joint MIT-PMI-INCOSE Community of Practice on Lean in Program Management. 2012. *The Guide to Lean Enablers for Managing Engineering Programs.* Newtown Square, PA:作者.

"Kanban," *Wikipedia,* 2017 年 5 月 4 日最后更新，2016 年 11 月 22 日检索自 https://en.wikipedia.org/wiki/Kanban.

"Kanban *(development)*," *Wikipedia*，2017 年 5 月 4 日最后更新，2016 年 11 月 29 日检索自 https://en.wikipedia.org/wiki/Kanban_(development).

Reddy, Ajay, and Jack Speranza. 2015. *The Scrumban [R]Evolution: Getting the Most Out of Agile, Scrum, and Lean Kanban.* Boston: Addison-Wesley Professional.

"Overview—Large Scale Scrum," *LeSS,* 2016, http://less.works/.

"SAFe for Lean Software and System Engineering," *SAFe®*, 2016, http://www.scaledagileframework.com/.

Schwaber, Ken, and Jeff Sutherland. "The Scrum Guide™," *Scrum.org*，2016年7月，http://www.scrumguides.org/scrum-guide.html 和 http://www.scrumguides.org/docs/scrumguide/v2016/2016-Scrum-Guide-US.pdf#zoom=100.

"Scrum of Scrums," *Agile Alliance*，（未注明日期），https://www.agilealliance.org/glossary/scrum-of-scrums/.

"Scrumban," Wikipedia, March 2, 2017, https://en.wikipedia.org/wiki/Scrumban.

"State of Agile Report: Agile Trends," *VersionOne,* 2017, http://stateofagile.versionone.com/.

Sutherland Jeff. "Agile Can Scale: Inventing and Reinventing SCRUM in Five Companies." *Cutter IT Journal* 14，（2001 年）第 12 号：5–11. http://www.controlchaos.com/storage/scrum-articles/Sutherland 200111 proof.pdf.

"The 2015 State of Agile Development," *Scrum Alliance®*, 2015, https://www.forrester.com/report/The+2015+State+Of+Agile+Development/-/E-RES122910.

Wells, Don. "Extreme Programming: A Gentle Introduction," *Extreme Programming*，2013 年 10 月 8 日，http://www.extremeprogramming.org/.

Why Scrum? State of Scrum Report, 2016, https://www.scrumalliance.org/why-scrum/state-of-scrum-report/2016-state-of-scrum.

附录 X2—影响裁剪的属性

Griffiths, Mike. "Agile Suitability Filters," *Leading Answers,* 2007 年，http://leadinganswers.typepad.com/leading_answers/files/agile_suitability_filters.pdf.

Jeffries, Ron. "We Tried Baseball and It Didn't Work," *ronjeffries.com*，2006 年 5 月 2 日，http://ronjeffries.com/xprog/articles/jatbaseball/.

Rothman, Johanna. "One Experimental Possibility: Self-Organization from Component Teams to Feature Teams," *Rothman Consulting Group, Inc.*，2014 年 9 月 23 日，http://www.jrothman.com/mpd/agile/2014/09/one-experimental-possibility-self-organization-from-component-teams-to-feature-teams/.

附录 X2—影响裁剪的属性

术语表（英文排序）

1. 首字母缩略词

ATDD　　　验收测试驱动开发

BDD　　　行为驱动开发

BRD　　　业务需求文档

DA　　　规范敏捷

DoD　　　完成的定义

DoR　　　准备就绪的定义

DSDM　　　动态系统开发方法

EVO　　　渐进价值交付

LeSS　　　大规模敏捷开发

LSD　　　精益软件开发

PDCA　　　计划 — 实施 — 检查 — 行动

PMO　　　项目管理办公室

ROI　　　投资回报率

RUP　　　统一软件开发过程

SAFe®　　　大规模敏捷框架®

SBE　　　实例化需求

XP　　　极限编程

2. 定义

A3. A3 它是一种思维方式及一种解决问题的系统化过程，将相关信息囊括在一张 A3 大小的纸上。

Acceptance Test-Driven Development (ATDD). 验收测试驱动开发 (ATDD) 它是一种协作制定验收测试标准的方法，用于创建交付前的验收测试。

Agile. 敏捷 它是用于描述反映了《敏捷宣言》所述价值观和原则的思维模式的一个术语。

Agile Coach. 敏捷教练 它是指掌握了敏捷知识和经验的人员，其在组织和团队转型中能够发挥培训、辅导和指导的作用。

Agile Life Cycle. 敏捷生命周期 它是一种迭代兼增量方法，用于优化工作项目，增加交付频率。

Agile Manifesto. 敏捷宣言 它是敏捷价值观和原则的最初官方定义。

Agile Mindset. 敏捷思维模式 它是一种思维和行为方式，其植根于《敏捷宣言》的四大价值观和十二条原则。

Agile Practitioner. 敏捷实践者 它是指接受敏捷思维模式、在跨职能团队中与志同道合的同事开展协作的人。也称为敏捷专家。

Agile Principles. 敏捷原则 它是指《敏捷宣言》中所体现的敏捷项目交付的十二条原则。

Agile Unified Process. 敏捷统一过程 它是在业务应用软件开发中应用敏捷技术和思想的一种简单且便于理解的方法。它是统一软件开发过程 (RUP) 的简化版本。

Agilist. 敏捷专家 请参见敏捷实践者。

Anti-Pattern. 反模式 它是一种已知的、有缺陷的、不可取的工作模式。

Automated Code Quality Analysis. 自动化代码质量分析 它是用于检测代码库缺陷和漏洞的脚本化测试。

Backlog. 待办事项列表 请参见产品待办事项列表。

Backlog Refinement. 待办事项列表的细化 它是对项目需求和/或正在进行的活动的渐进明细，其中团队协作参与需求的审核、更新和撰写以满足客户需求。

Behavior-Driven Development (BDD). 行为驱动开发 (BDD) 它是一种系统设计和确认实践，采用测试优先的原则和类似英语的脚本。

Blended Agile. 混合敏捷 它是指同时使用两种或两种以上的敏捷框架、方法、要素或实践。例如Scrum与极限编程和看板的结合使用。

Blocker. 阻碍 请参见障碍。

Broken Comb. "破梳齿"人才 它是指对团队所需的多种技能掌握程度深浅不一的人。也称为"颜料滴洒"人才。另请参见T型人才和I型人才。

Burndown Chart. 燃尽图 它是剩余工作与时间盒内剩余时间关系的一种图形化表示形式。

Burnup Chart. 燃起图 它是对已完成工作与产品发布关系的一种图形化表示形式。

Business Requirement Documents (BRD). 业务需求文档 (BRD) 它是某特定项目的所有需求列表。

Cadence. 节奏 它是指项目执行节奏。另请参见时间盒。

Collective Code Ownership. 代码集体所有 它是一种项目加速和协作技术，其中任何团队成员都有权修改任何项目工作产品或可交付成果，它强调整个团队的责任和最终责任。

Continuous Delivery. 持续交付 它是立即向客户交付功能增量的实践，往往通过采用小批量工作和自动化技术实现。

Continuous Integration. 持续整合 它是一种对团队各成员的工作产品经常整合并彼此确认的实践。

Cross-Functional Team. 跨职能团队 它是指由实践者组成的团队。这些实践者掌握交付有价值产品增量所需的各种技能。

Crystal Family of Methodologies. 水晶家族方法论 它是轻量级敏捷软件开发方法的集合，其重点关注特定情况的适应性。

Daily Scrum. 每日例会 它是指每天召集的一种简短的协作会议。其中团队将回顾前一天的进展，宣布当天的计划，强调曾遇到或预期出现的障碍。也称为每日站会。

Definition of Done (DoD). 完成的定义 (DoD) 它是团队需要满足的所有标准的核对单。只有可交付成果满足该核对单，才能视为准备就绪可供客户使用。

Definition of Ready (DoR). 准备就绪的定义 (DoR) 它是团队以用户需求为中心的核对单，其中包括团队开始工作所需的全部信息。

DevOps. DevOps 它是通过改善开发和运营员工之间的协作来理顺交付流程的各种实践的集合。

Disciplined Agile (DA). 规范敏捷 (DA) 它是指一种过程决策框架，能够围绕增量和迭代解决方案的交付来简化过程决策。

Double-Loop Learning. 双循环学习 它是一种质疑潜在的价值和假设的过程，其目的不是仅关注征兆而是为了更好地阐述根本原因制定改善对策。

Dynamic Systems Development Method (DSDM). 动态系统开发方法 (DSDM) 它是一种敏捷项目交付框架。

Evolutionary Value Delivery (Evo). 渐进价值交付 (Evo) 它是公认的首要敏捷方法，拥有其他方法所不具备的特点，重点关注向相关方交付多种可衡量的价值需求。

eXtreme Programming. 极限编程 它是一种敏捷软件开发方法，不仅能提高软件质量，改善软件对不断变化的客户需求的响应能力，还能缩短软件版本发布周期，增加发布频率。

Feature-Driven Development. 功能驱动开发 它是一种从客户重视的功能角度出发的轻量级敏捷软件开发方法。

Fit for Purpose. 符合目的 符合预期目的的产品。

Fit for Use. 适合使用 以当前形式使用，能实现其预期目的的产品。

Flow Master. 工作流主管 它是指在连续工作流或看板环境下工作的团队教练和服务请求管理者。它相当于Scrum 主管。

Framework. 框架 它是指一种比某种特定方法更为通用的方法。

Functional Requirement. 功能需求 它是指某产品或服务应完成的一个特定行为。

Functional Specification. 功能规范 它是指某系统或应用需要实现的一种特定功能。它通常体现在功能规范文档中。

Hoshin Kanri. 方针管理 它是指一种策略或政策的部署方法。

Hybrid Approach. 混合方法 它是指两种或两种以上敏捷或非敏捷要素的组合，具有非敏捷最终结果。

IDEAL. IDEAL 它是一种组织改进模型，以所描述的五个阶段命名启动、诊断、确立、执行和学习。

Impact Mapping. 影响地图 它是一种战略规划技术，被组织作为打造新产品的路线图。

Impediment. 障碍 它是指妨碍团队达成其目标的干扰因素。也称为阻碍。

Increment. 增量 它是一种经过测试、验收的实用可交付成果，也是项目总体成果的组成部分。

Incremental Life Cycle. 增量型生命周期 它是一种提供已完工的、客户可立即使用的可交付成果的方法。

Information Radiator. 信息发射源 它是一种可见的实物展示，其向组织内其他成员提供信息，在不干扰团队的情况下即时实现知识共享。

I-shaped. I 型人才 它是指深入掌握单一专业技能的人员，他们不具备团队所需的其他技能或对其不感兴趣。另请参见T 型人才和"破梳齿"人才。

Iteration. 迭代 它是产品或可交付成果开发的一个时间盒循环，其中需要执行交付价值所需的所有工作。

Iterative Life Cycle. 迭代型生命周期 它是一种允许对未完成工作提供反馈从而对工作加以改善和修改的方法。

Kaizen Events. 改善活动 它是指旨在对系统加以改善的活动。

Kanban Board. 看板面板 它是一种可视化工具。团队能够通过瓶颈和工作量的有形呈现改善工作流。

Kanban Method. 看板方法 它是一种受到看板库存控制系统启发的敏捷方法，专门用于知识工作。

Large-Scale Scrum (LeSS). 大规模敏捷开发 (LeSS) 大规模敏捷开发是一种产品开发框架，它根据扩展指导方针扩大敏捷开发规模，同时保留原有的敏捷开发目的。

Lean Software Development (LSD). 精益软件开发 (LSD) 精益软件开发是软件开发领域的精益制造原理和实践，它基于一套旨在满足质量、速度和客户定位要求的原理和实践。

Life Cycle. 生命周期 它是指产品从构想、创造到投入使用的过程。

Mobbing. 群体开发 它是一种工作技术，其中多名团队成员围绕某个具体工作项目同时协调工作。

Organizational Bias. 组织偏好 组织偏好是指组织对一组衡量指标的选择。这组衡量指标具有如下核心价值：探索与执行、速度与稳定性、数量与质量、灵活性与可预测性。

Organizational Change Management. 组织变革管理 它是一种全面的、周期性的、结构化方法，旨在使个人、群组和组织在从当前状态转换为未来状态时实现预期的业务收益。

Paint-Drip. "颜料滴洒"人才 请参见"破梳齿"人才。

Pairing. 结对 请参见结对工作。

Pair Programming. 结对编程 主要指编程的结对工作。

Pair Work. 结对工作 它是一种由两名团队成员结对且同时从事同一工作项目的技术。

Personas. 人物角色 它代表一组类似终端用户的典型用户，通过其目标、动机和具有代表性的个人特征来描述。

Pivot. 转向 它是指计划中的方向修正，旨在检测产品或策略的新假设。

Plan—Do—Check—Act (PDCA). 计划 — 执行 — 检查 — 行动 (PDCA) 它是组织中的一种迭代管理方法，旨在促进过程和产品的控制和持续改善。

Plan-Driven Approach. 计划驱动方法 请参见预测法。

Predictive Approach. 预测法 它是一种工作管理方法，在整个项目生命周期中，应用工作计划和管理工作计划。

Predictive Life Cycle. 预测型生命周期 它是一种更为传统的方法，大部分规划在前期进行，随后一次性执行，它是一个连续的过程。

Project Management Office (PMO). 项目管理办公室 (PMO) 对与项目相关的治理过程进行标准化，并促进资源、方法论、工具和技术共享的一种管理架构。

Product Backlog. 产品待办事项列表 它是指团队围绕某产品维护的一个以用户为中心的需求的有序列表。

Product Owner. 产品负责人 它是指负责使产品实现最大价值的人员，其对所创建的终端产品负责并承担最终责任。另请参见服务请求管理者。

Progressive Elaboration. 渐进明细 随着信息越来越多、估算越来越准确进而不断提高项目管理计划的详细程度的迭代过程。

Refactoring. 重构 它是一种产品质量技术，其通过提高产品的可维护性和其他需要的属性来改善产品设计，同时并不改变产品的预期行为。

Retrospective. 回顾 它是一种定期进行的研讨活动。其中参与者针对其工作和工作成果进行探讨，旨在对过程和产品做出改进。

Rolling Wave Planning. 滚动式规划 一种迭代式的规划技术，对近期要完成的工作进行详细规划，对远期工作只做粗略规划。

Scaled Agile Framework (SAFe®). 大规模敏捷框架 (SAFe®) 它是一个集成模式的知识库，用于企业范围的精益开发。

Scrum. Scrum 它是一种复杂产品开发与维持的敏捷框架，它由特定的角色、事件和工件等元素组成。

Scrumban. Scrumban 它是一种在团队选择Scrum作为工作方式时产生的管理框架，它以看板方法作为透镜从而审视、理解并持续改善其工作。

Scrum Board. Scrum 板 它是一种用于管理产品代办事项列表和冲刺代办事项列表的信息发射源，它能显示工作流及其瓶颈。

Scrum Master. Scrum 主管 它是指开发团队的教练和Scrum框架中的产品负责人。其负责消除障碍促进富有成效的事件并保护团队免受干扰。另请参见工作流主管。

Scrum of Scrums. Scrum of Scrums 它是指一种多个团队围绕同一产品实施大规模敏捷开发工作的技术。他们需要协调讨论其相互依赖关系，重点是如何整合软件的交付在重叠的领域尤为如此。

Scrum Team. Scrum 团队 它是指在敏捷开发中开发团队、Scrum 主管和产品负责人的总和。

Self-Organizing Team. 自组织团队 它是一种跨职能团队。其中为实现团队目标，团队成员根据需要轮换着发挥领导作用。

Servant Leadership. 服务型领导 它是一种向团队提供服务的领导。其实践重点是理解并解决团队成员的需求和发展，尽可能提高团队的绩效。

Service Request Manager. 服务请求管理者 它是指在连续工作流或看板环境中负责整理服务请求，旨在实现最大价值的人员。它相当于产品负责人。

Siloed Organization. 孤岛组织 它是指以只能部分满足向客户交付价值的需求的方式构建的组织。请对照参见价值流。

Single Loop Learning. 单循环学习 它是指未根据经验提出质疑，仅仅利用预先确定的特定方法解决问题的实践。

Smoke Testing. 冒烟测试 它是指利用一组轻量级测试确保正在开发的系统实现最重要的预期功能的实践。

Specification by Example (SBE). 实例化需求 (SBE) 它是为软件产品定义需求和定义面向商业的功能测试的一种协作方法，基于使用实例获取并阐明需求，而不是抽象陈述需求。

Spike. 刺探 它是指项目中短暂的时间间隔，通常长度固定。在此期间，团队开展研究或针对方案的某个方面进行原型研究验证其可行性。

Sprint. 冲刺 它描述敏捷开发中的时间盒迭代。

Sprint Backlog. 冲刺代办事项列表 它是指由Scrum团队识别的、需要在Sprint中完成订工作事项列表。

Sprint Planning. 冲刺计划 它是指敏捷开发中的一个协作事件。其中团队为目前的冲刺制订工作计划。

Story Point. 故事点 它是用于相关用户故事估算技术中的一种无量纲指标。

Swarming. 群集 它是指一种团队多个成员合作，重点消除特定障碍的技术。

Technical Debt. 技术债务 它是指产品生命周期早期未能完成工作的递延成本。

Test-Driven Development. 测试驱动开发 它是在工作开始前定义测试的一种技术，它采用零缺陷的思维模式使工作进度能持续得到确认。

Timebox. 时间盒 它是指一段固定时间，例如1周、2周、3周或1个月。另请参见迭代。

T-shaped. T 型人才 它是指深入掌握单一专业技能并广泛掌握团队所需其他技能的人员。另请参见I型人才和"破梳齿"人才。

User Story. 用户故事 它是针对特定用户的可交付成果价值的简要描述。它是对澄清细节对话的承诺。

User Story Mapping. 用户故事地图 它是一种将工作纳入一个应用模型的可视化实践，旨在帮助理解随着时间推移而创建的高价值功能集，发现待办事项列表中的遗漏，有效规划向用户交付价值的软件发布。

UX Design. 用户体验 (UX) 设计 它是一种促进用户体验的过程，重点改善用户与产品互动中的可用性和可访问性。

Value Stream. 价值流 它是一种组织性结构，重点关注通过特定产品或服务交付流向客户的价值。

Value Stream Mapping. 价值流图 一种用于记录、分析和改善为客户生产产品或提供服务时所需的信息或材料流的精益企业技术。

术语表（中文排序）

1. 首字母缩略词

ATDD	验收测试驱动开发
BDD	行为驱动开发
BRD	业务需求文档
DA	规范敏捷
DoD	完成的定义
DoR	准备就绪的定义
DSDM	动态系统开发方法
EVO	渐进价值交付
LeSS	大规模敏捷开发
LSD	精益软件开发
PDCA	计划 — 实施 — 检查 — 行动
PMO	项目管理办公室
ROI	投资回报率
RUP	统一软件开发过程
SAFe®	大规模敏捷框架®
SBE	实例化需求
XP	极限编程

2. 定义

A3 A3: 它是一种思维方式及一种解决问题的系统化过程，将相关信息囊括在一张 A3 大小的纸上。

DevOps DevOps: 它是通过改善开发和运营员工之间的协作来理顺交付流程的各种实践的集合。

I 型人才 I-shaped: 它是指深入掌握单一专业技能的人员，他们不具备团队所需的其他技能或对其不感兴趣。另请参见T 型人才和"破梳齿"人才。

IDEAL IDEAL: 它是一种组织改进模型，以所描述的五个阶段命名启动、诊断、确立、执行和学习。

Scrum Scrum: 它是一种复杂产品开发与维持的敏捷框架，它由特定的角色、事件和工件等元素组成。

Scrum of Scrums Scrum of Scrums: 它是指一种多个团队围绕同一产品实施大规模敏捷开发工作的技术，他们需要协调讨论其相互依赖关系，重点是如何整合软件的交付在重叠的领域尤为如此。

Scrum 主管 Scrum Master: 它是指开发团队的教练和Scrum框架中的产品负责人。其负责消除障碍促进富有成效的事件并保护团队免受干扰。另请参见工作流主管。

Scrumban Scrumban: 它是一种在团队选择Scrum作为工作方式时产生的管理框架，它以看板方法作为透镜从而审视、理解并持续改善其工作。

Scrum板 Scrum Board: 它是一种用于管理产品代办事项列表和冲刺代办事项列表的信息发射源，它能显示工作流及其瓶颈。

Scrum团队 Scrum Team: 它是指在敏捷开发中开发团队、Scrum 主管和产品负责人的总和。

T 型人才 T-shaped: 它是指深入掌握单一专业技能并广泛掌握团队所需其他技能的人员。另请参见I 型人才和"破梳齿"人才。

测试驱动开发 Test-Driven Development: 它是在工作开始前定义测试的一种技术，它采用零缺陷的思维模式使工作进度能持续得到确认。

产品待办事项列表 Product Backlog: 它是指团队围绕某产品维护的一个以用户为中心的需求的有序列表。

产品负责人 Product Owner: 它是指负责使产品实现最大价值的人员，其对所创建的终端产品负责并承担最终责任。另请参见服务请求管理者。

持续交付 Continuous Delivery: 它是立即向客户交付功能增量的实践，往往通过采用小批量工作和自动化技术实现。

持续整合 Continuous Integration: 它是一种对团队各成员的工作产品经常整合并彼此确认的实践。

冲刺 Sprint: 它描述敏捷开发中的时间盒迭代。

冲刺代办事项列表 Sprint Backlog: 它是指由Scrum团队识别的、需要在Sprint中完成的工作事项列表。

冲刺计划 Sprint Planning: 它是指敏捷开发中的一个协作事件。其中团队为目前的冲刺制订工作计划。

刺探 Spike: 它是指项目中短暂的时间间隔，通常长度固定。在此期间，团队开展研究或针对方案的某个方面进行原型研究验证其可行性。

大规模敏捷开发 (LeSS) Large-Scale Scrum (LeSS): 大规模敏捷开发是一种产品开发框架，它根据扩展指导方针扩大敏捷开发规模，同时保留原有的敏捷开发目的。

大规模敏捷框架 (SAFe®) Scaled Agile Framework (SAFe®): 它是一个集成模式的知识库，用于企业范围的精益开发。

代码集体所有 Collective Code Ownership: 它是一种项目加速和协作技术，其中任何团队成员都有权修改任何项目工作产品或可交付成果，它强调整个团队的责任和最终责任。

待办事项列表 Backlog: 请参见产品待办事项列表。

待办事项列表的细化 Backlog Refinement: 它是对项目需求和/或正在进行的活动的渐进明细，其中团队协作参与需求的审核、更新和撰写以满足客户需求。

单循环学习 Single Loop Learning: 它是指未根据经验提出质疑，仅仅利用预先确定的特定方法解决问题的实践。

迭代 Iteration: 它是产品或可交付成果开发的一个时间盒循环，其中所有需要交付价值的工作都被执行。

迭代型生命周期 Iterative Life Cycle: 它是一种允许对未完成工作提供反馈从而对工作加以改善和修改的方法。

动态系统开发方法 (DSDM) Dynamic Systems Development Method (DSDM): 它是一种敏捷项目交付框架。

反模式 Anti-Pattern: 它是一种已知的、有缺陷的、不可取的工作模式。

方针管理 Hoshin Kanri: 它是指一种策略或政策的部署方法。

服务请求管理者 Service Request Manager: 它是指在连续工作流或看板环境中负责整理服务请求，旨在实现最大价值的人员。它相当于产品负责人。

服务型领导 Servant Leadership: 它是一种向团队提供服务的领导。其实践重点是理解并解决团队成员的需求和发展，尽可能提高团队的绩效。

符合目的 Fit for Purpose: 符合预期目的的产品。

改善活动 Kaizen Events: 它是指旨在对系统加以改善的活动。

工作流主管 Flow Master: 它是指在连续工作流或看板环境下工作的团队教练和服务请求管理者。它相当于Scrum 主管。

功能规范 Functional Specification: 它是指某系统或应用需要实现的一种特定功能。它通常体现在功能规范文档中。

功能驱动开发 Feature-Driven Development: 它是一种从客户重视的功能角度出发的轻量级敏捷软件开发方法。

功能需求 Functional Requirement: 它是指某产品或服务应完成的一个特定行为。

孤岛组织 Siloed Organization: 它是指以只能部分满足向客户交付价值的需求的方式构建的组织。请对照参见价值流。

故事点 Story Point: 它是用于相关用户故事估算技术中的一种无量纲指标。

规范敏捷 (DA) Disciplined Agile (DA): 它是指一种过程决策框架，能够围绕增量和迭代解决方案的交付来简化过程决策。

滚动式规划 Rolling Wave Planning: 一种迭代式的规划技术，对近期要完成的工作进行详细规划，对远期工作只做粗略规划。

行为驱动开发 (BDD) Behavior-Driven Development (BDD): 它是一种系统设计和确认实践，采用测试优先的原则和类似英语的脚本。

回顾 Retrospective: 它是一种定期进行的研讨活动。其中参与者针对其工作和工作成果进行探讨，旨在对过程和产品做出改进。

混合方法 Hybrid Approach: 它是指两种或两种以上敏捷或非敏捷要素的组合，具有非敏捷最终结果。

混合敏捷 Blended Agile: 它是指同时使用两种或两种以上的敏捷框架、方法、要素或实践。例如Scrum与极限编程和看板的结合使用。

极限编程 eXtreme Programming: 它是一种敏捷软件开发方法，不仅能提高软件质量，改善软件对不断变化的客户需求的响应能力，还能缩短软件版本发布周期，增加发布频率。

计划—执行—检查—行动 (PDCA) Plan–Do–Check–Act (PDCA): 它是组织中的一种迭代管理方法，旨在促进过程和产品的控制和持续改善。

计划驱动方法 Plan-Driven Approach: 请参见预测法。

技术债务 Technical Debt: 它是指产品生命周期早期未能完成工作的递延成本。

价值流 Value Stream: 它是一种组织性结构，重点关注通过特定产品或服务交付流向客户的价值。

价值流图 Value Stream Mapping: 一种用于记录、分析和改善为客户生产产品或提供服务时所需的信息或材料流的精益企业技术。

渐进价值交付 (Evo) Evolutionary Value Delivery (Evo): 它是公认的首要敏捷方法，拥有其他方法所不具备的特点，重点关注向相关方交付多种可衡量的价值需求。

渐进明细 Progressive Elaboration: 随着信息越来越多、估算越来越准确进而不断提高项目管理计划的详细程度的迭代过程。

节奏 Cadence: 它是指项目执行节奏。另请参见时间盒。

结对 Pairing: 请参见结对工作。

结对编程 Pair Programming: 主要指编程的结对工作。

结对工作 Pair Work: 它是一种由两名团队成员结对且同时从事同一工作项目的技术。

精益软件开发 (LSD) Lean Software Development (LSD): 精益软件开发是软件开发领域的精益制造原理和实践，它基于一套旨在满足质量、速度和客户定位要求的原理和实践。

看板方法 Kanban Method: 它是一种受到看板库存控制系统启发的敏捷方法，专门用于知识工作。

看板面板 Kanban Board: 它是一种可视化工具。团队能够通过瓶颈和工作量的有形呈现改善工作流。

跨职能团队 Cross-Functional Team: 它是指由实践者组成的团队。这些实践者掌握交付有价值产品增量所需的各种技能。

框架 Framework: 它是指一种比某种特定方法更为通用的方法。

冒烟测试 Smoke Testing: 它是指利用一组轻量级测试确保正在开发的系统实现最重要的预期功能的实践。

每日例会 Daily Scrum: 它是指每天召集的一种简短的协作会议。其中团队将回顾前一天的进展，宣布当天的计划，强调曾遇到或预期出现的障碍。也称为每日站会。

敏捷 Agile: 它是用于描述反映了《敏捷宣言》所述价值观和原则的思维模式的一个术语。

敏捷教练 Agile Coach: 它是指掌握了敏捷知识和经验的人员，其在组织和团队转型中能够发挥培训、辅导和指导的作用。

敏捷生命周期 Agile Life Cycle: 它是一种迭代兼增量方法，用于优化工作项目，增加交付频率。

敏捷实践者 Agile Practitioner: 它是指接受敏捷思维模式、在跨职能团队中与志同道合的同事开展协作的人。也称为敏捷专家。

敏捷思维模式 Agile Mindset: 它是一种思维和行为方式，其植根于《敏捷宣言》的四大价值观和十二条原则。

敏捷统一过程 Agile Unified Process: 它是在业务应用软件开发中应用敏捷技术和思想的一种简单且便于理解的方法。它是统一软件开发过程 (RUP) 的简化版本。

敏捷宣言 Agile Manifesto: 它是敏捷价值观和原则的最初官方定义。

敏捷原则 Agile Principles: 它是指《敏捷宣言》中所体现的敏捷项目交付的十二条原则。

敏捷专家 Agilist: 请参见敏捷实践者。

"破梳齿"人才 Broken Comb: 它是指对团队所需的多种技能掌握程度深浅不一的人。也称为"颜料滴洒"人才。另请参见T 型人才和I 型人才。

群集 Swarming: 它是指一种团队多个成员合作，重点消除特定障碍的技术。

群体开发 Mobbing: 它是一种工作技术，其中多名团队成员围绕某个具体工作项目同时协调工作。

燃尽图 Burndown Chart: 它是剩余工作与时间盒内剩余时间关系的一种图形化表示形式。

燃起图 Burnup Chart: 它是对已完成工作与产品发布关系的一种图形化表示形式。

人物角色 Personas: 它代表一组类似终端用户的典型用户，通过其目标、动机和具有代表性的个人特征来描述。

生命周期 Life Cycle: 它是指产品从构想、创造到投入使用的过程。

时间盒 Timebox: 它是指一段固定时间，例如1周、2周、3周或1 个月。另请参见迭代。

实例化需求 (SBE) Specification by Example (SBE): 它是为软件产品定义需求和定义面向商业的功能测试的一种协作方法，基于使用实例获取并阐明需求，而不是抽象陈述需求。

适合使用 Fit for Use: 以当前形式使用，能实现其预期目的的产品。

双循环学习 Double-Loop Learning: 它是一种质疑潜在的价值和假设的过程，其目的不是仅关注征兆而是为了更好地阐述根本原因制定改善对策。

水晶家族方法论 Crystal Family of Methodologies: 它是轻量级敏捷软件开发方法的集合，其重点关注特定情况的适应性。

完成的定义 (DoD) Definition of Done (DoD): 它是团队需要满足的所有标准的核对单。只有可交付成果满足该核对单，才能视为准备就绪可供客户使用。

项目管理办公室 (PMO) Project Management Office (PMO): 对与项目相关的治理过程进行标准化，并促进资源、方法论、工具和技术共享的一种管理架构。

信息发射源 Information Radiator: 它是一种可见的实物展示，其向组织内其他成员提供信息，在不干扰团队的情况下即时实现知识共享。

"颜料滴洒"人才 Paint-Drip: 请参见"破梳齿"人才。

验收测试驱动开发 (ATDD) Acceptance Test-Driven Development (ATDD): 它是一种协作制定验收测试标准的方法，用于创建交付前的验收测试。

业务需求文档 (BRD) Business Requirement Documents (BRD): 它是某特定项目的所有需求列表。

影响地图 Impact Mapping: 它是一种战略规划技术，被组织作为打造新产品的路线图。

用户故事 User Story: 它是针对特定用户的可交付成果价值的简要描述。它是对澄清细节对话的承诺。

用户故事地图 User Story Mapping: 它是一种将工作纳入一个应用模型的可视化实践，旨在帮助理解随着时间推移而创建的高价值功能集，发现待办事项列表中的遗漏，有效规划向用户交付价值的软件发布。

用户体验 (UX) 设计 UX Design: 它是一种促进用户体验的过程，重点改善用户与产品互动中的可用性和可访问性。

预测法 Predictive Approach: 它是一种工作管理方法，在整个项目生命周期中，应用工作计划和管理工作计划。

预测型生命周期 Predictive Life Cycle: 它是一种更为传统的方法，大部分规划在前期进行，随后一次性执行，它是一个连续的过程。

增量 Increment: 它是一种经过测试、验收的实用可交付成果，也是项目总体成果的组成部分。

增量型生命周期 Incremental Life Cycle: 它是一种提供已完工的、客户可立即使用的可交付成果的方法。

障碍 Impediment: 它是指妨碍团队达成其目标的干扰因素。也称为阻碍。

重构 Refactoring: 它是一种产品质量技术，其通过提高产品的可维护性和其他需要的属性来改善产品设计，同时并不改变产品的预期行为。

转向 Pivot: 它是指计划中的方向修正，旨在检测产品或策略的新假设。

准备就绪的定义 (DoR) Definition of Ready (DoR): 它是团队以用户需求为中心的核对单，其中包括团队开始工作所需的全部信息。

自动化代码质量分析 Automated Code Quality Analysis: 它是用于检测代码库缺陷和漏洞的脚本化测试。

自组织团队 Self-Organizing Team: 它是一种跨职能团队。其中为实现团队目标，团队成员根据需要轮换着发挥领导作用。

阻碍 Blocker: 请参见障碍。

组织变革管理 Organizational Change Management: 它是一种全面的、周期性的、结构化的方法，方法旨在使个人、群组和组织在从当前状态转换为未来状态时实现预期的业务收益。

组织偏好 Organizational Bias: 组织偏好是指组织对一组衡量指标的选择。这组衡量指标具有如下核心价值：探索与执行、速度与稳定性、数量与质量、灵活性与可预测性。

索引

A

A3, 150
ATDD。见"验收测试驱动开发"
安全，环境，75

B

BDD。见"行为驱动开发"
BRD。见"业务需求文档"
保险公司核保核赔系统，29
变更。参见"不确定性"
　　安全和，75
　　加速交付，73
　　就绪情况，73–74
　　看板面板和，85
　　敏捷方法和，73
　　速度，敏捷思维模式和，3
　　要求和，24
　　障碍，74
变更管理。见"组织变革管理"
变更控制委员会，35
变更请求过程，7, 8–12
波士顿"大开挖"，15
波士顿"大开挖"，15
不确定性。参见"变更"
　　风险，生命周期选择和，13–16
　　复杂性和，7, 13
　　技术程度，14
　　探索，16
　　要求和，13, 14, 16, 22, 24
　　中低程度，30
不确定性和复杂性模型，14

C

CPI。见"成本绩效指数"
裁剪
　　PMO 和，81
　　不成熟或随意的，12
　　混合过渡和，30
　　影响的项目因素，32
采购
　　合同和，77–79
　　商业实践和，79
测量指标。见"衡量指标"
测试
　　不确定性和，16
　　所有层级，56
　　验收，82
　　自动化，31, 56
测试驱动开发 (TDD)
　　价值交付和，56
　　确定的，154, 156
　　协调方法和，31
产出，42
　　产品负责人和，66
　　多任务处理和，44
　　站会和，54
产品待办事项列表。参见"待办事项列表的细化"
　　Scrum 框架和，31
　　初步，变更排序，85
　　确定的，153, 156
　　准备，52
产品待办事项列表燃起图，68
产品负责人
　　Scrum 框架和，31
　　产出和，66